使える！
コード理論

丸暗記不要の
クリエイター向けレッスン

"新時代のコード理論書！"

「使える！コード理論」の世界へようこそ！
　あなたは何を期待してこの本を手に取ってくださったのでしょうか？　そして、今の時点で「コード理論」をどのくらいご存知なのでしょうか？

- かなり知っている
- まあまあ知っている
- 基礎くらいなら
- かじった程度
- 全然知らない「コード理論、何それ美味しいの？」

　今、あなたが「コード理論」についてどのくらいの理解度であってもOKです。この本はどんなレベルの方にでも楽しんでもらえるように作ってあります。
　初めての方には易しく入門できる本として、中上級者の方には、基礎をさらに"深堀り"するための本として、きっとお役に立てることでしょう。
　この本では、コードのあらゆる機能を、「倍音主義」の立場から解明していきます。
　他ではどこでも語られていない「コードの秘密」を知ることで、あなたのこれからの音楽体験、作曲体験の自由度が劇的に増すことをお約束します。

　立ち読み中の方は、今すぐレジに持っていってください！

石田ごうき

まえがき

"倍音主義で超スッキリ！"

　あなたは今まで"いわゆるコード理論"を学んだ時にどこか釈然としない想いをしたことはないでしょうか。

　理論的には正しいはずなのに、そのコード進行を聞いてどうしても音楽的だと思えない。あるいは、理論的には推奨されてないことなのに、なぜかそのコード進行に心が惹かれる、みたいなことです。

　「倍音主義」に基づくこの本のレクチャーが、あなたのそうしたモヤモヤを驚くほどに晴らしてくれることでしょう。

　僕は「倍音主義」と出会うことで「コード理論ってめちゃくちゃ簡単じゃん！」と目から鱗が落ちるような体験をしました。

　あなたにもぜひ、そんな体験をたくさんしていただきたいと思います。

大浦雅弘

"世界一わかりやすいコード理論書ここに誕生！"

　コード理論を書籍で学ぶときに立ちはだかる大きな壁のひとつ。

　それは、「パッと見の取っつきにくさ」ではないでしょうか？

　理論書と言うジャンルは、その特性上どうしても小ムズカシイ印象になってしまう傾向にあるようですね。

　しかし、ご安心をっ。

　本書は、初心者の方にも優しい超親切設計。

　取っつきにくさとは無縁のシロモノです。

　ふんだんに使った図版や、理論書らしからぬくだけた解説文で、あなたの心の奥深くまでスッと入っていくことウケアイです！

熊川ヒロタカ

INTRO1
なぜ「使える！コード理論」なのか   **P07**
  はじめに   P08
  この本の特徴   P14

INTRO2
絶対押えておくべきコード理論のための必須知識   **P21**
  倍音   P22
  度数と2和音   P26
  コード   P32
  メジャースケール・メジャーキー   P40
  キー   P54

PART1
曲作りの基礎テクニック！ その1.ダイアトニックコード網羅   **P63**
  主要三和音   P64
  主要三和音による接続の具体例   P72
  実習〈主要三和音〉   P78
  メジャーダイアトニックコード   P80
  実習〈ダイアトニック代理コード〉   P88

PART2
曲作りの基礎テクニック！ その2.ノートコネクション＆ボイシング縦横無尽   **P91**
  ノートコネクション   P92
  実習〈ノートコネクション〉   P104
  ボイシング   P106
  実習〈ボイシング〉   P112

PART3
曲作りの応用テクニック！ その1.ドミナントコード百花繚乱   **P113**
  ドミナントのバリエーション   P114
  実習〈ドミナントのバリエーション〉   P122
  セカンダリードミナント   P124
  実習〈セカンダリードミナント〉   P136
  裏コード   P138
  実習〈裏コード〉   P141
  ディミニッシュ   P142
  オーグメント   P148
  実習〈ディミニッシュ〉   P152
  実習〈オーグメント〉   P153

PART4
曲作りの裏世界!? マイナーキー補完　　　　P155
- マイナーキー・マイナースケール　　　　P156
- 実習〈マイナーキー〉　　　　P166

PART5
曲作りの応用テクニック！ その2.テンションコード一刀両断　　　　P169
- テンション　　　　P170
- ダイアトニックテンション　　　　P174
- ノンダイアトニックテンション　　　　P182
- テンション補足説明　　　　P190
- 実習〈テンション〉　　　　P194

PART6
曲作りの発展テクニック！ マイナー借用＆転調 自由自在　　　　P197
- マイナー借用　　　　P198
- 実習〈マイナー借用〉　　　　P204
- 転調　　　　P206
- 実習〈転調〉　　　　P222

APPENDIX
めっちゃ使える！ コード進行常套句　　　　P227

COLUMN
- 世界仰天ファイル「10年間、コード理論から逃亡し続けた男」　　　　P20
- 感覚派？ 理論派？ あなたはどっち？　　　　P71
- なんじゃあこりゃ!? ブルース進行じゃあ！　　　　P77
- コード理論学習者に独断と偏見で贈るオススメのアーティスト
  その1「The Beatles」　　　　P154
- コード理論学習者に独断と偏見で贈るオススメのアーティスト
  その2「Carpenters」　　　　P168
- コード理論学習者に独断と偏見で贈るオススメのアーティスト
  その3「Stevie Wonder」　　　　P226

memo
- 倍音主義　　　　P13
- 一般的なアヴォイドノートについて　　　　P189

INTRO **1**

———

なぜ「使える！コード理論」
なのか

はじめに

■ コード理論を使いこなすのに必要なのは「丸暗記」ではない

　実際の作曲で使えるコード理論を求めて、本書籍を開いてくださったあなたに朗報です！

　この本でコード理論を学ぶあなたに、僕が「丸暗記」を求めることはありません。

　まあ、もちろん、今まで諸先輩方が書かれたコード理論書も、別に暗記を要求してはいません。しかし、コード理論に挫折する人の多くは「こんなにいっぱい覚えられない……」という気持ちになっているみたいですね。

　だから、僕は最初にはっきり言っておきます！

　コード理論を身に付けていくのに「丸暗記」から始める必要はありません。

　コード理論を身に付けるためには、コード理論を「丸暗記して使う」のではなく「カンニングしながら使う」ようにしましょう。

　本書では「パレット＆レシピ」という究極の「コード理論カンニングペーパー」をダウンロード付録としてご用意しております(後述)。

パレット　　　　　　レシピ

　このカンニングペーパーを使いながら、簡単な実習に取り組むことで、自然と理論が「体得」できます。覚えようとしなくても、使いながら覚えちゃうってことです。

　ゲームとかスマホの操作と同じですよ。

　そう！　**「使えるコード理論」に必要なのは「丸暗記」ではなく、「体得」なのです。**

■ あなたの中に眠る
"コードを感じる力"を目覚めさせよう

　コード理論というのは、心地よく聴こえる音の並びの基本作法をまとめたものです。
　この「心地よく聴こえる音の並びの基本作法」を身に付けるときに、忘れてはならないことがあります。
　それは、心地よい音の並びを「感じる」ことです。
　「理論の学習」となると、書籍の文字面や、ええとこ楽譜の音符とばかりにらめっこするような感じになってしまう人もいることでしょう。

　しかし、それでは「心地よい音の並びの基本作法」が身に付くはずがありません。
　本書を学ぶときには、文章での説明や音符とのにらめっこ以上に、実際に音を鳴らして、聴いて、作って、聴いて……「心地よい音を感じる」ことを大切にしていただけたら嬉しいです。
　あなたの中には"コードを感じる力"、その偉大な才能が眠っています。
　本書は、そのあなたの中に眠る偉大な才能を解き放つことができるように構成しています。騙されたと思って、冒頭から順に、書いてある通りにやってみてください。
　気づけば、一段も二段も上のコード活用力が、理屈ではなく、感覚として身に付いている自分にびっくりすることでしょう。

はじめに

■ おなじみ「メジャーコード」「マイナーコード」 その違いを生む秘密は倍音にあり！

ここらでちょっと具体的な話を！
この本でコード理論を学ぼうとするあなた。
あなたがコード理論について、まったくの初心者であれ、多少の経験がある人であれ、「メジャーコード」「マイナーコード」くらいはご存知ですよね？
(「バカにすんな」って怒らないでください!!
……やめて！　石を投げないで！)

「もちろん知ってるぜ！」の前提でお話を進めます。
　ほとんどの方が、
・メジャーコードってどんな響き？ → 明るい
・マイナーコードってどんな響き？ → 暗い
とお答えになると思います。

　音の印象はそれぞれの解釈ですが、この２つから感じる印象の違いは、ほとんどの方が「明るい」「暗い」となるようです。

　では、次の質問です。
「**なぜ**マイナーコードは暗く聞こえるのでしょうか？」

　不思議じゃない？

「3度の音が半音下がってるから……？（3度が短3度だから？）」
というのは答えになっていませんね。
　3度の音が半音下がっていると、なぜ暗く聞こえるのでしょうか？　ということです。

下の図をご覧ください。（※丸暗記不要！）

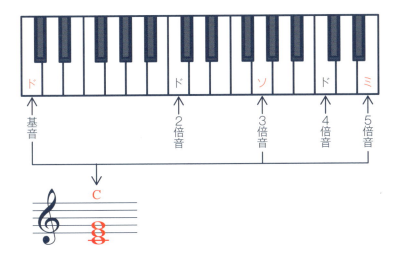

これは、ドを単音で鳴らしたときに、その音の中に含まれている倍音を一覧にしたものです。自然倍音列と言います。

基音はド
2倍音はド（1オクターブ上）
3倍音はソ（1オクターブ上）
4倍音はド（2オクターブ上）
5倍音はミ（2オクターブ上）……

みたいにして、基音の整数倍の音を順番になぞっていくと、なんとメジャーコードの構成音になっています。
　そうなんです。
　そもそもメジャーコードが明るく聞こえるのは、この「より高域に伸びていく倍音の響き」をメジャーコードの構成音が補強しているからです。より高い音まで意識が向くと、その音は明るく聞こえます。

　で、実は、マイナーコードを聴くときには、この逆の現象が起こっているのです。

はじめに

下の図をご覧ください。

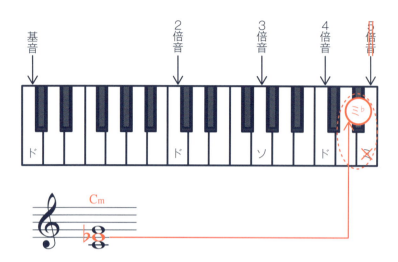

　マイナーコードの3度音程すなわち短3度が、自然倍音列の5倍音とぶつかっています。

　そして、実音は倍音に勝ちます。実音の方がよりはっきり聞こえる音だからです。

　人間の耳は「よりはっきり聞こえる音」の方を重要な音だと認識し、優先して聴こうとします。

　そこで実音の短3度音を聴きやすくするために、5倍音（＝長3度の音）以上の高域に仮想的な脳内フィルターをかけて音を聴こうとするわけです。

　高域がフィルタリングされたルート音は、暗く聞こえます。
　これこそが、マイナーコードが暗く聞こえる理由です。

　なぜこの話を突然したかというと、

　「この音はこう聞こえる！」と人が感じる背景には、こういう<u>**科学的なメカニズムが働いている**</u>ことの実例をご紹介したかったからです。

この本でお伝えする「使える！ コード理論」は、こういった科学的なメカニズムを根拠に組み立てられたものです。

ですから、**誰にでも再現、活用が可能です。**

そして、より具体的なコード進行テクニックを解説するときにも、この「メジャーコード」「マイナーコード」の解説と同様に、「なぜそうなるのか？」「なぜそうするのか？」をしっかり説明していきます。

「お察しください」で理論を飛躍させることはない、とお約束しましょう。

ですから、本書に書いてあることに順番についてきていただければ、理論迷子になることはありません。

ご安心ください！

memo

■ 倍音主義

この本以前にも、さまざまなコード理論書が刊行されています。

偉大な諸先輩方が書かれたそれらの理論書によって、僕の音楽人生の可能性は大きく拡張しました。

そのことへの敬意は大前提として、あえて申し上げます。

今までのコード理論書は「このコードはこのように響きます」「このコードはこういう使い方ができます」という風に、実際に鳴らしたときの「印象」や、凡例的な「用法」に終始しているところが多かったと感じています。

その印象や用法の根拠がわからないまま使うことに、なんとも言えないモヤモヤを感じてきました。諸先輩方も科学的根拠についてはよくおわかりになってなかったのでしょう。

そこで僕は、「なぜそう響くのか？」「なぜそういう使い方ができるのか？」という根本的な原理を、まさに「科学的に」解明したくて独自に研究を深め続けてきました。

その結果としてわかったことは、「音の調和と進行はすべて『倍音』を根拠としいている」ということです。これを僕は「倍音主義」と呼んでいます。この本では、すべてのコードの機能について「倍音主義」の立場からご説明しています。

■ この本でお伝えするコード理論の全体像

下の図をご覧ください。

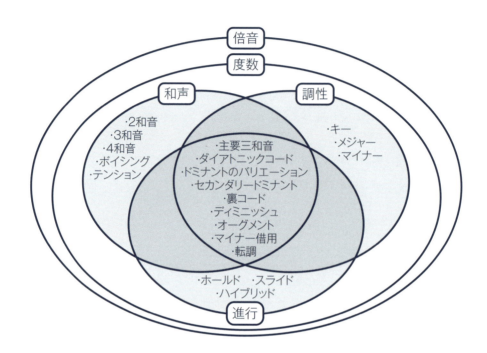

これがこの本でお伝えするコード理論の全体像を視覚化したものです（われわれはメソッドマップと呼んでいます）。
　いわば、絵で見る目次ですね。
　各項目の意味は、今はわからなくて構いません（当たり前）。
　しかし、この本の内容を始めから順にクリアしていくと、このメソッドマップの中に書いてある用語がひとつひとつ理解できるようになっていきます。

　さながら、RPGの序盤で入手するマップです。
　物語が進むにつれて、白地図にお城や街や村やダンジョンが描き込まれていくように、「使える！コード理論」ワールドの全体像をあなたの心の中に広げていきましょう。

※
ダウンロードデータの中にもこのメソッドマップを同梱しておりますので、そちらをプリントアウトして手近なところに貼っておくのもいいかもしれません。
（クリアした項目をマークしたりしてね）

　これからあなたに冒険していただく世界の地図をご紹介したところで、次のページからは冒険の心得、すなわちこの本の使い方をザッとご説明いたします。

　この本をご活用いただく時間が、より楽しい物語になるように構成してあります。
　サラッとでも良いので、一度目を通しておいてください。
　あなたの冒険がよりエキサイティングになることでしょう。

INTRO1　なぜ「使える！コード理論」なのか

この本の特徴

■ この本の構造

この本は、主に2種類のセクションの繰り返しになります。
解説セクションと実習セクションです。

＜解説セクション＞

　小難しい表現は極力抑え、図版や譜例、あるいはバカバカしいたとえ話なんかも使いながら、「使える！ コード理論」の各項目をわかりやすくご説明していきます。
　「セカンダリードミナントーッ！」とか「クローズドボイシーングッ！」とか「オルタードテンショーンッ！」とか、「なんかのヒーローの必殺技かよ！」みたいな、初心者を威嚇する横文字も（笑）、するするとご理解いただけると思います。

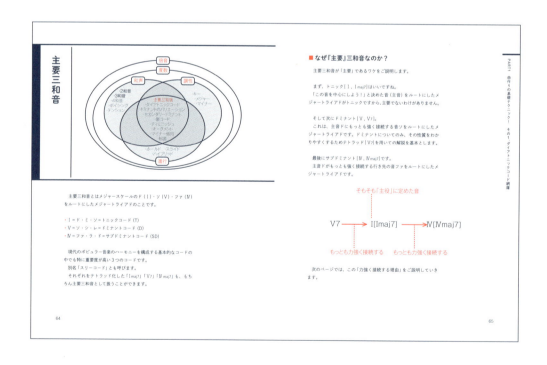

<実習セクション>

　解説セクションでご理解いただいた各テクニックを、さっそく使ってもらい、実感とともに「使い方」を「体得」していただくためのセクションです。

　ついつい「このセクションは後からや～ろうっと」ってなりそうですが、悪いことは言いません、実習をやってから次の解説セクションに移るようにしてください。

　各テクニックの解説順は、ステップアップ式になっていますので、あなたがそのセクションのテクニックを「体得」していないまま次のセクションにいくと、どんどんチンプンカンプンになっていきます。

　楽しく冒険を進めたいなら、各ステージのボスをきちんと倒しながら前に進むことです。

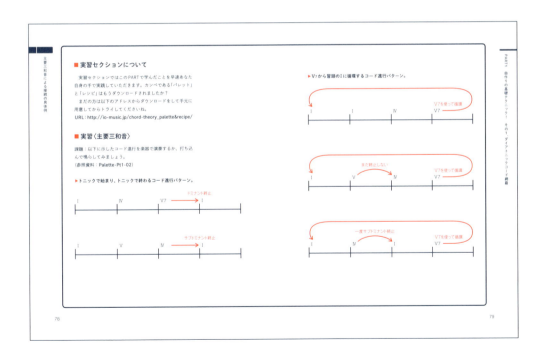

この本の特徴

■ パレット&レシピ方式

　実習セクションを助けてくれる強力なアイテムを2つご紹介します。

　P08で軽く触れたパレットとレシピと言います。

　冒険を進めるための必拾アイテムです。**ぜひダウンロードしてプリントアウトしてお手元に置いて下さい。**

(「それをすてるだなんてとんでもない！」)

　データは以下のＵＲＬからダウンロードできます。
ＵＲＬ：http://io-music.jp/chord-theory_palette&recipe/

＜パレット＞

　そのセクションのテクニックに必要な部品を使いやすい一覧にまとめてあります。

　実習用だけでなく、あなたがご自身の制作をするときの参考資料としても大いに活躍するアイテムです。

　これこそが「丸暗記不要！」のカギでもあります。

　ぜひゲットしてください。

| Palette-In2-01 「鍵盤上の各音を基音とした倍音とそこから組み立てられるセブンスコードの一覧①」 |

「C」+「E」+「G」+「B♭」= C7

「C#」+「F」+「G#」+「B」= C#7

「D♭」+「F」+「A♭」+「B」= D♭7

＜レシピ＞

そのセクションのテクニックを実際に使うときには、どういう順番で考え、音を組み立てていくのかを詳しくご説明します。

いわばチュートリアルゲームです。

書いてある手順通りに音を触っていけば、間違いなくそのセクションでのテクニックを活用した気持ちいい音が鳴らせるように作ってあります。

セクションごとの課題それぞれは、驚くほど簡単です。「やればできる」程度のものです。

しかし、その小さな一歩を積み重ねることで、気がつけばどんな複雑なコード進行もチョチョイで扱えるレベルにあなたは到達します。

なので、セクションごとの課題、あなどることなく確実に実践していってください。

遠回りなように見えるやり方が一番の近道です。

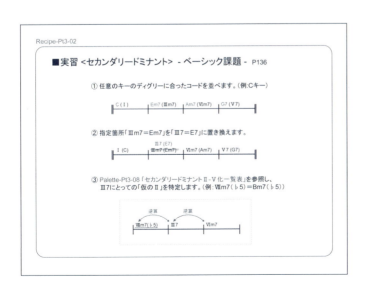

column

■ 世界仰天ファイル
「10年間、コード理論から逃亡し続けた男」

　音楽学校に入学した18歳の時に僕は初めてコード理論と出会いました。テキストを読み「これ全部丸暗記しないダメなの〜」とウンザリしたのを今でも良く覚えています。

　僕は3和音のダイアトニックコードだけをサラッと覚えたあとは、教則本を放りだして作曲活動をし始めるありさまでした。で、当然ながらアッという間に限界が来ました。

　鍵盤をイジリまわし、名曲が天から偶然降ってくることだけをただ待つ日々。まるで雨乞いのような作曲方法です。

　これだと、アイディア日照りの日がとにかく苦痛なのです！

　なんとかそこを抜け出そうと思い立ち「今日からボクは生まれ変わる！」って教則本を手に取り直しては3日でまた逃亡生活に戻ることを半年スパンくらいで繰り返していました（苦笑）。

　転機が訪れたのは33歳の時。この本でお伝えしている「倍音主義」との出会いです。

　正直それまでの僕は倍音っていうのはマニアックなオトナがもてあそぶウンチク程度にしか思っていなかったのですよ。

　ところが、倍音に基づく"なぜ？"を知ることで、コード理論がみるみる理解できるようになったのです。

　倍音主義のコード理論と出会ってからの僕は、寝ても覚めてもコード理論について夢中で考えるようになりました。それこそ夢に見るほどに！

　今やコード選びや作曲のアイディアに悩むことは一切ありません。それどころかコード理論の講師として、超初心者から著名なプロの方にいたるまで大好評です。

　「10年間、コード理論から逃亡し続けた男」でも、こうなれました。あなたにも必ずマスターできますよ！　　　　　　　（大浦雅弘）

INTRO **2**

絶対押えておくべき
コード理論のための必須知識

倍音

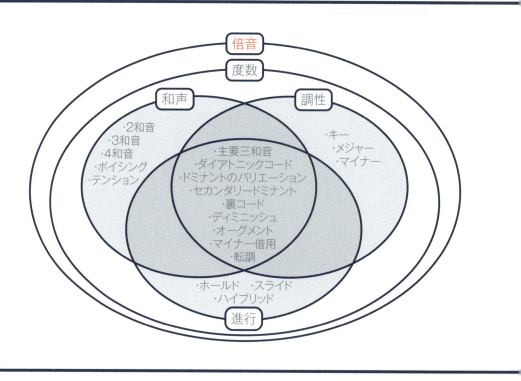

　コード理論をマスターする上で絶対に押さえておくべき要素、それが「倍音」です。

　倍音とは「ある音の整数倍の音成分」のことです。

　INTRO1ではメジャーコードとマイナーコードの違いの理由として倍音に触れましたが、倍音にはコード理論攻略のヒントがまだ沢山隠されています。

　つまりコード理論マスターを目指す方にとっては"必読の項目"と言えるでしょう。

　それでは倍音をより深く観察していきましょう。

■ 第1倍音〜第5倍音まで

例えばピアノでドを鳴らしたとします。

われわれが耳にしているそのドの音の中には、ドの2倍の周波数の音、3倍の周波数の音……という風に、より高い音（ドの整数倍の音）が成分として含まれています。

INTRO1でもご紹介しましたが、ドを鳴らしたとき、そこに含まれる各整数倍音は以下の図の通りになります。

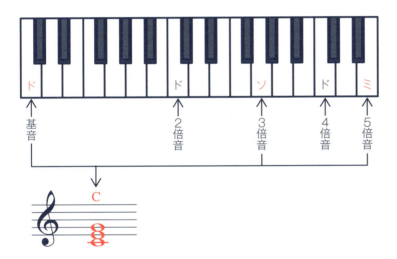

5倍音まででメジャーコードの構成音「ド・ミ・ソ」が網羅されます。これもINTRO1でご説明した通りです。

※
この整数倍の音成分がどれだけ入っているかが、その楽器の音色を決定付ける大切な要素でもあります。

倍音

■ 実は"単音＝セブンスコード"

次に5倍音よりもう少し上の倍音まで見てみましょう。

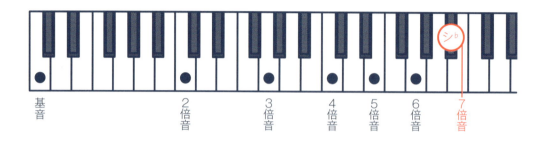

　6倍音は、3倍音のオクターブ上になりますので3倍音と同じくソの音になります。
　7倍音は、初登場「短7度音程＝シ♭」です。

　……何かお気づきになりませんか？

　そうです。単音の中に含まれる倍音成分を7倍音まで含めて見ると、「ド・ミ・ソ・シ♭」でC7コードになるのです。

※
なお厳密に言うとドの倍音とC7コードは完全に同一ではありません。ですが音が持つ性質自体はきわめて近いため、この本では「ドの倍音＝C7」として扱っていきます。

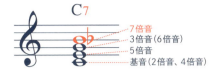

ちなみにドではなくレを鳴らした時の倍音はD7コード、ミを鳴らした時はE7コードが鳴っています。

このことがコード理論の攻略に深く関係してきます。
(詳しくはPART1のP64「主要三和音」の項目で解説いたします)

例として、ミを鳴らした時の倍音は以下の様になります。

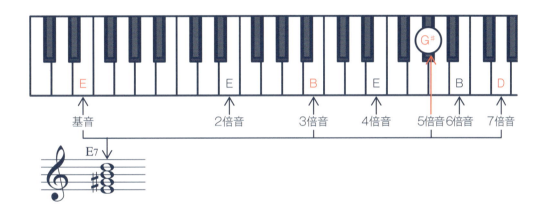

最初の高さがドからミへ高くなったのと同様に、その他の倍音もキレイに上にずれてるのがわかります。つまりどの音を鳴らしても倍音の構造は変わらないということです。

Palette-In2-01

度数と2和音

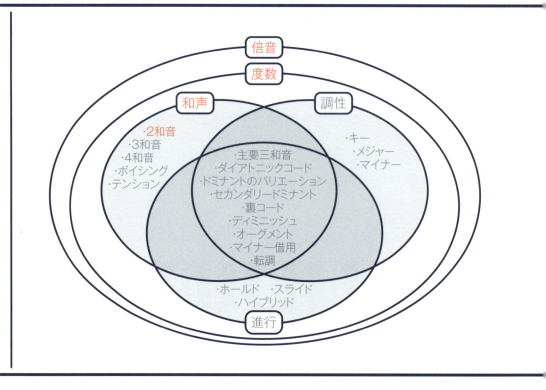

　ある音Aとある音B、2つの音を同時に鳴らした和音を「2和音」と呼び、その音程は「度数」という尺度で計ります。

　この項目では「コードの響きを決定する材料」と言える2和音について詳しく解説していきます。

　「コードを理屈ではなくもっと感覚的に使いたい！」という人には何度でも読み返していただきたい項目です。

■ 2和音だって立派な和音

　基本的に「コード」というのは、後述する3和音（トライアド）、4和音（テトラッド）のことを指します。

　これらコードと呼ばれるものに比べて、「2和音」というのは、やや軽視されがちかもしれません。しかし、コードというのはあくまで複数の2和音の集合体なのです。

　したがって、2和音の持つ性質をしっかり理解しておくことで、「コードの中でどの音とどの音の関係がどんな性質を持っているのか」が分析できるようになります。

　また「コードの一部分を少しだけいじって微調整する」というような小回りも利かせやすくなります。

　特にコード理論を基盤にして書かれた原曲を、いざ具体的で詳細なアレンジにしていくときにそのコードの中のどの音をピックアップすると効果的なのかを判断する基準としても、2和音の性質の理解は大いに役立ちます。

度数と2和音

■ 2和音の幅の数え方 "度数"

というわけで、ここで「度数」についてご説明いたします。

例として、C3音を起点とする1オクターブ内の音が、それぞれ何度なのか、鍵盤と楽譜を使い示したものが下図です。

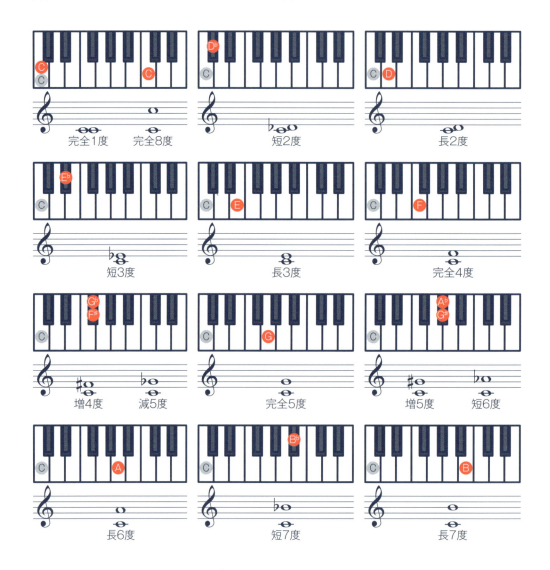

各度数の数え方の法則性について次ページで解説します。

■ 度数は「半音いくつぶんか」で考えよう

先ほどのご説明の通り「度数」は音程の幅のことです。
　度数という単位は「半音いくつぶんか」で考えると理解しやすいです。

半音 いくつ分か	0	1	2	3	4	5
度数	完全1度	短2度	長2度	短3度	長3度	完全4度

6	7	8	9	10	11	12
減5度 増4度	完全5度	短6度 増5度	長6度	短7度	長7度	完全8度

　なお、この「半音数と度数の対応表」についても、**もちろん暗記する必要はありません。**
　Palette-In2-02「半音数と度数の対応表」を必要な都度カンニングしていただければOKです！

Palette-In2-02

　短○度、長○度という音程は必ずツイになっています。
　完全音程の4度、5度、1度（同音）、8度（オクターブ）には長短がありません。
　4度と5度の間の音は、増4度あるいは減5度と呼びます。

　長短音程と完全音程の性質の違いについては次ページで詳しくご説明します。

INTRO2　絶対押えておくべきコード理論のための必須知識

■ 転回で起こる度数の変化の法則性

　ここで言う「転回」は、基準になる音と別のもうひとつの音の上下関係を入れ替えることです。
　P28でお見せした「C3音を起点とした1オクターブ内の各音」との関係を転回すると以下のようになります。

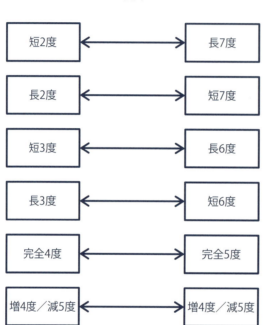

　法則性があるのがおわかりいただけますか？
　「長」だったものは「短」に、「短」だったものは「長」になります。「完全」は「完全」のままです。
　また数字はすべて「9－元の数字」になります。
　「増4度／減5度」だけは、ある意味そのままです。

Palette-In2-03

■ 度数による響きの違い

ここでぜひとも一度音を鳴らして実験してほしいことがあります。まず最初に、下の図の2和音を楽器で鳴らしてみてください。

それぞれを鳴らした時の印象って大分違うのではないでしょうか。長3度に比べて、短6度の方が少し濁ったような複雑な響きに聞こえるのではないでしょうか。

その理由について語りだすと再び「倍音」にたどり着いてしまうのですが、ここでは倍音の話はグッと抑えてどうか下の図をご覧ください。

おわかかりいただけましたでしょうか。
構成音はどちらもドとミですが、長3度と短6度のように音の並び順が違うと印象が変わります。

コード

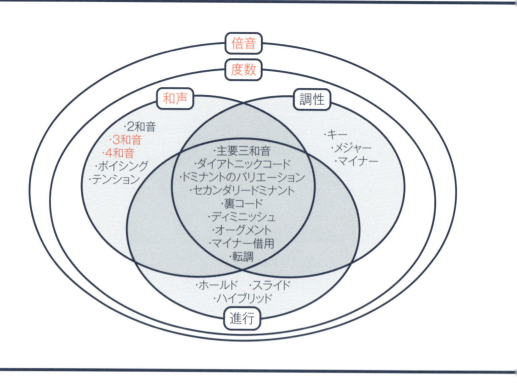

　ようやくコードの具体的なお話に入っていきます。
　ざっくり言ってしまうなら、コードというのは3つ以上の音を積み上げた和音に付けられた記号的な呼び名です。
　CとかC7とかCmとか……和音をひとかたまりの記号で扱うことで、書き記したり、把握したり、演奏したりがとても簡単になります。

　現代のポップスの作曲技法は、この「和音をコードでおおまかに捉える」という考え方を土台として発展しています。
　そう！　コードを制するものは、ポピュラー作曲を制する。作曲能力をレベルアップするために、この本を手にしたあたなの選択は非常に正しかったのです。

■ コードの利便性

　コードの利便性について、具体的な例を交えてより詳しくご説明いたしましょう。

　コードの利便性は何と言っても和音の持つ情報量を最低限に簡略化して、読み書きの負担を大きく軽減しているところにあります。

　例えばこんな複雑な構成音を持つ和音、五線譜に「ド・ミ・ソ・シ♭・レ♯・ラ」と6つもの音符をゴチャゴチャと書きこんでようやく表現できる和音を……

$$C_7(\sharp 9, 13)$$

　こんなにもズバッと簡単に書き記すことができます。
　読んで把握する側、演奏する側で考えても、譜読みの負担の少なさは大きな魅力です。

■ 3和音＝トライアド

コードの基本中の基本になる「3和音＝トライアド」についてご説明します。

コードの世界において、ある基準の音に3度と5度の音を加えた和音のことを「3和音＝トライアド」と呼びます。

3度と5度の組み合わせは、以下の4通りがあります。

	短3度	長3度
増5度	×	aug:オーグメント
完全5度	m:マイナー	表記なし:メジャー
減5度	m(♭5):マイナーフラットフィフス	×

Palette-In2-04

ルートから見て3度の音は「短3度」「長3度」の2択です。

ルートから見て5度の音は「減5度」「完全5度」「増5度」の3択です。

ただし、3度の音と5度の音の度数は「長3度」か「短3度」のいずれかになるのが原則です。

どんな複雑そうに見えるコード（前ページのC7(#9,13)とか）も、この4種類の3和音＝トライアドのいずれかが土台になっています。

それぞれの響きの違いを、鍵盤で鳴らしたりDTMソフトに打ち込んだりして、よく体感しておいてください。

■「メジャー」と「マイナー」

　もう一歩踏み込んで、各コードそれぞれの作りを詳しく見ていきましょう。

　まず押さえるべきは「メジャー＝"大文字アルファベットのみ"」と「マイナー＝m」です。
　楽曲を構成するコードの9割以上がこの2つのどちらかを土台としています（もっとかな？　うん、95％以上と言ってもいいと思います）。

　どちらもルートと5度の音程（度数関係）は「完全5度」です。
　3度にあたる音が、ルートから見て長3度なのか短3度なのか、という違いがあります。
　ルートと3度が長3度関係のとき（「メジャー」のとき）には、3度と5度は短3度関係になっています。逆に、ルートと3度が短3度関係のとき（「マイナー」のとき）には、3度と5度は長3度関係になります。

　この2つの対照的なコードは基本中の基本中の基本ではありますが、上記の通り極めて使用頻度が高いコードですので、けしてあなどることなかれ！　です。

■「オーグメント」と「マイナーフラットフィフス」

残る2つが「オーグメント＝aug」と「マイナーフラットフィフス＝m(♭5)」※です。

メジャーやマイナーと比べて、楽曲中の登場頻度はかなり低いコードです。

※「m(♭5)」に7thを足したものが「m7(♭5)（マイナーセブンスフラットフィフス）」、6thを足したものが「dim（ディミニッシュ）」になります。

ルートと3度、3度と5度、それぞれの間の音程が「長3度＋長3度」あるいは「短3度＋短3度」という風に同じ度数関係の連続になっているところが大きな特徴です。

この2つは、それ単体を鳴らしてみると、とてもクセの強い不協和な印象になると思います。

これは、5度音程がそれぞれ、増5度（augコード）、減5度（m♭5）となっており、完全5度音程であるルートの3倍音と衝突するからです。

なかなか一筋縄にはいかない響きですが、絶妙のタイミング、特定の条件下で使用することで、見事なスパイスとして機能します。

PART3のP142からの「ディミニッシュ」とP148からの「オーグメント」で詳しくご説明します。

■ 4和音＝テトラッド

トライアドにもう1音付け加えた和音を、4和音＝テトラッドと呼びます。

土台になるトライアドの響きに、もう一味足したような位置付けと言えます。

例：ルート＝C

Cメジャーセブンス［Cmaj7］

（譜例：完5、短3、長3、長3、完5、長7 の音程関係が示されたCmaj7の譜面）

上の図はテトラッドの一例「Cmaj7」です。

音が増えたことで、各音同士の音程関係（2和音関係）の絡みが、一気に複雑になったことがわかります。

付け加える4音目は以下の3種類です。

例：ルート＝C

長6度＝シックス［6］　　短7度＝セブンス［7］　　長7度＝メジャーセブンス［maj7］

4音目の度数は、ルートから直接測るよりも、ルートのオクターブ上から数えて何度下かで計った方が、素早く正確に把握しやすいでしょう。

■ テトラッドの一覧

下の表は、トライアドに4音目を付け加えてテトラッド化したものの一覧になります。

例:ルート=C	シックス[6]	セブンス[7]	メジャーセブンス[maj7]
メジャー	C6	C7	Cmaj7
マイナー[m]	m6	m7	m maj7
マイナーフラットフィフス[m(♭5)]	dim (ディミニッシュ)	m7(♭5)	×

Palette-In2-05

　ただし、オーグメントはその構成音の特性上、4和音化して捉えないのが原則です (実用では7thを足すことがありますが)。
　また、m(♭5)に長7度を組み合わせるのもあまり実用的とは言えません。
　したがって、コード理論の世界で (少なくとも本書で)、テトラッドとして定義されるのは以上の8種類ということになります。

　長6度、短7度、長7度以外の音を付け加えたコードは、テンションコードだったり、その省略形だったりするのでここではまだ早いです。
　「PART5 曲作りの応用テクニック！ その2.テンションコード一刀両断」で存分にご説明いたしますので、今は我慢 (？) してください。

■ コードの表記法

コードの表記法は以下の通りです。

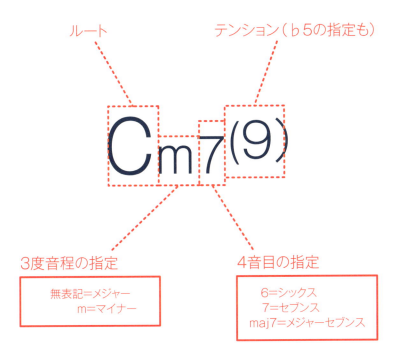

augとdimはルートとその表記のみで
コードの構成音すべてを表す

メジャースケール・メジャーキー

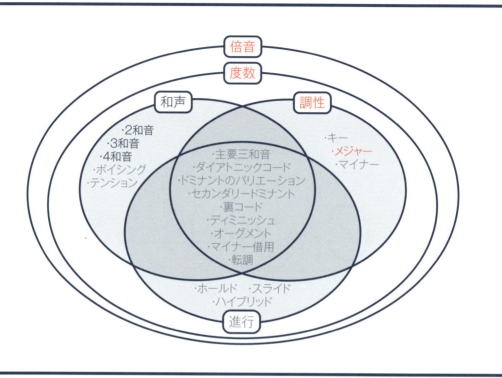

　メジャースケールは、現代のポピュラー音楽のメロディとハーモニーを構成する基本となるスケールです。

　ごく一般的なスケールのひとつで、この本を読んでいる方の中で一度も耳にしたことのない方はおそらくいないでしょう。
　そして、このメジャースケールを軸としたキーをメジャーキーと言います。

　今まで特に意識しないで使っていたという方もたくさんいらっしゃると思いますが、このメジャースケール・メジャーキーの理解がコードの組み立てや接続を自由にコントロールしていくための基礎のひとつになりますから、じっくりと読み進めていきましょう。

■ なぜドレミファソラシドなのか？

　鍵盤上の「ド」から「1オクターブ上のド」までの白鍵だけをなぞって弾いてみてください。

　　ド　レ　ミ　ファ　ソ　ラ　シ　ド　♪

　そう、この音の並びのことを「ドレミファソラシド」と言いますよね。
　この「ドレミファソラシド」こそが「メジャースケール」です。

　さて、このメジャースケール（＝ドレミファソラシド＝ドから始まる白鍵のみの並び）……なんでこういう風な音の並びができあがったと思いますか？

　当たり前にそういうものだと思っているけど、よく考えたら不思議ですよね。
　この本では、そこも説明しちゃいますからご安心ください。
　あんまり他の本では説明されてないことなんじゃあないかな、と思います。

まず、起点となるドと関係の深い音として、ソ・ファがあります。

どのように関係が深いかというと、
▶ ソはドに力強く接続する音
▶ ファはドから力強く接続する音
なのです。

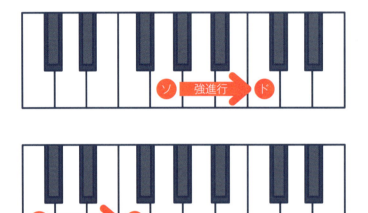

ちなみに、この力強く接続する進行のことを強進行と呼びます。
　なぜ力強く接続するかという理由は、ドに含まれる倍音にあります。
　詳しいメカニズムについてはPART1のP66から詳しく解説しますので、今の段階では「ソ→ド・ド→ファは接続しやすいのだ」というふうにだけ思っておいていただければOKです。

そして、ド・ソ・ファそれぞれをルートとしてメジャートライアドを作ると以下の音が登場します。

▶ ドのメジャートライアド＝ド・ミ・ソ
▶ ソのメジャートライアド＝ソ・シ・レ
▶ ファのメジャートライアド＝ファ・ラ・ド

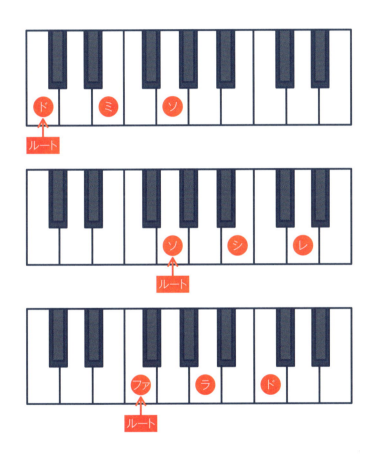

メジャースケール・メジャーキー

ちなみに、このメジャートライアドの成り立ちも、P23でご説明したように倍音が根拠になっています。

また、この「接続しやすい3つの音」をルートとしたメジャートライアドを、主要三和音と呼びます。

これについてもPART1のP64からの「主要三和音」で詳しく掘り下げていきますので、ここでの詳細な説明は省きますね。

そして、これら主要三和音の構成音を全て並べると、メジャースケールができあがります。

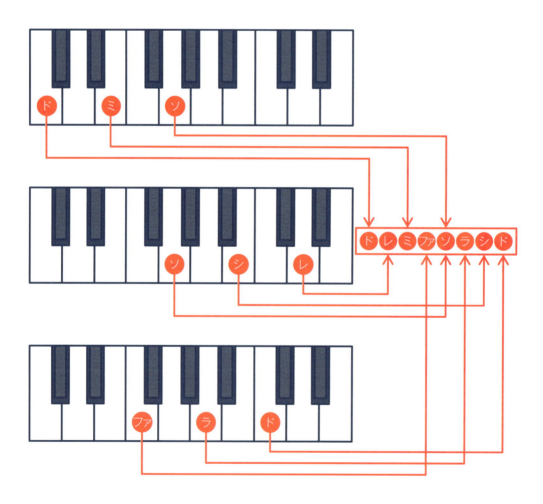

まとめると、

> ▶ スケールの起点となるドと力強く接続する音はソ・ファである。
> ▶ ド・ソ・ファをルートとするメジャートライアドの構成音を全て並べると、「ドレミファソラシド」となってメジャースケールができあがる。
> ▶ これらはいずれも倍音が根拠になっている

　これが「ドレミファソラシド＝メジャースケール」が、もっとも一般的なスケールとして（そして鍵盤の並びとして）普及している理由です。

■ 音名

　各音の高さ（＝鍵盤の位置）を指す呼び名のことを「音名」と言います。

　音名は、白鍵それぞれに"いわゆるラの音（Cメジャーキーのラの音）"から順にアルファベット表記で「A・B・C・D・E・F・G」の7つが割り当てられます。

　それぞれの音名を鍵盤に書き込んだものが下の図です。

　この音名「C」を固定「ド」と呼んだりします（「D」は固定「レ」、「E」は固定「ミ」ですね）。

　吹奏楽経験者の方の場合、この固定「ド」での音の認識に慣れ親しんでしまっているかもしれません。

　が！　この本では固定「ド」、固定「レ」などの呼び名は使用しません。

　「固定のドレミファソラシ」に対して、右ページからご説明する階名が「移動のドレミファソラシ」……というようなことになり、2種類のドレミファソラシの混在によって、凄まじい混乱が巻き起こるからです。

　各音の実際の高さを表わすには、音名を用います。

■ 階名とディグリーネーム

「固定のドレミファソラシ」という呼び方を脳内から滅却していただいたところで、いわゆる「移動のドレミファソラシ」についてご説明しましょう。

この「移動のドレミファソラシ」のことを「階名」と呼びます。

「ドレミファソラシ＝階名」は音の高さではなく、音同士の関係性を表わす呼び名です。すなわち、音の並び方ですね。

下の図の通り「-全音-全音-半音-全音-全音-全音-半音-」の並び方こそが「ドレミファソラシド」です。

また、この階名それぞれに対応してギリシャ数字で番号を振ったものをディグリーネームと言います。

ドの音から始まる「Ⅰ・Ⅱ・Ⅲ・Ⅳ・Ⅴ・Ⅵ・Ⅶ」です。

ある音が、この「ドレミファソラシ」や「Ⅰ・Ⅱ・Ⅲ・Ⅳ・Ⅴ・Ⅵ・Ⅶ」のどれにあたるかによって、その音の調性上の性質が決定しますので、機能的にコード理論を理解するためには「（移動の）ドレミファソラシ」や「Ⅰ・Ⅱ・Ⅲ・Ⅳ・Ⅴ・Ⅵ・Ⅶ」で音を考える習慣を持つことが非常に重要です。

特にディグリーネームは、PART1以降でコードの機能を説明するのに多用します。

■ 12通りのドレミファソラシ（メジャースケール一覧）

「-全音-全音-半音-全音-全音-全音-半音-」の並びになっていれば、どの音から始めても「ドレミファソラシ」と聞こえます。

ためしに「G・A・B・C・D・E・F♯」と弾いてみてください。

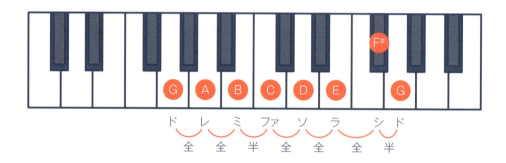

ね？ 「ドレミファソラシ」と聞こえたでしょう？

同じく「F・G・A・B♭・C・D・E」と弾いても、やはり「ドレミファソラシ」と聞こえます。

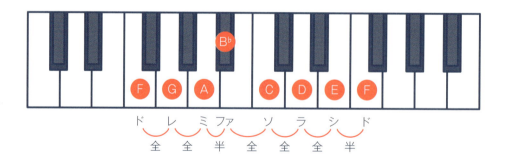

どの音から始めても「-全音-全音-半音-全音-全音-全音-半音-」という並びで鳴らせば「ドレミファソラシ（ド）」と聞こえるわけですから、12の音名のどれもが起点となり得ます。

次ページから、その12のキーのすべての音の並びを一覧にしておきますので、鍵盤やDTMソフトでなぞってみてください。

Palette-In2-06

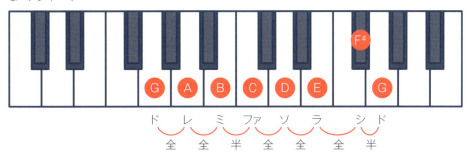
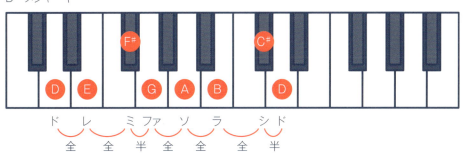
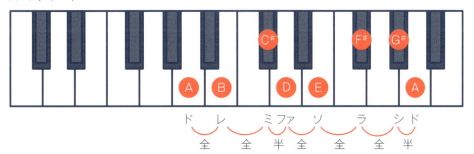

メジャースケール・メジャーキー

E メジャーキー

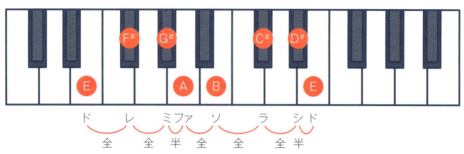

B メジャーキー

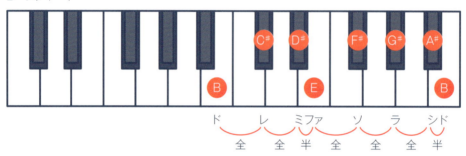

F♯ メジャーキー

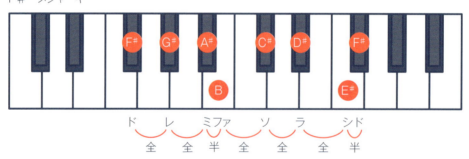

F メジャーキー

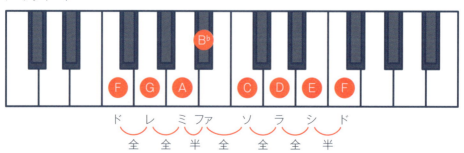

B♭ メジャーキー

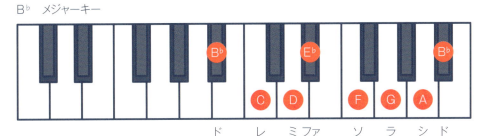

E♭ メジャーキー

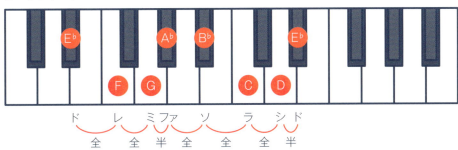

A♭ メジャーキー

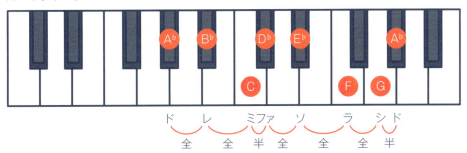

D♭ メジャーキー

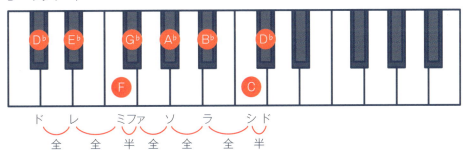

メジャースケール・メジャーキー

■ ♯と♭について

　C・D・E・F・G・A・B以外の音（鍵盤でいう黒鍵の音）を表すためには、♯（シャープ）と♭（フラット）を使います。

　♯は、それの付けられた音を半音上げる記号です。
　♭は、それの付けられた音を半音下げる記号です。

　このことを踏まえると、C・D・E・F・G・A・B以外の音は、「○♯・○♭」というふうに、2通りの呼び方ができることになります。

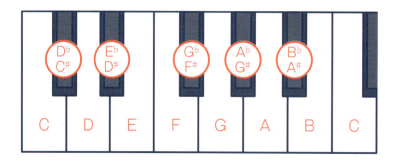

　これを見る限り、例えばGメジャースケールは
▶ G・A・B・C・D・E・F♯・G
▶ G・A・B・C・D・E・G♭・G
という、2通りの呼び方ができるように思えてしまうかもしれません。

　しかし、実は、スケールによって♯と♭のどちらを使うべきかは変わります。
　そこで、♯と♭の使い分け方について解説していきますね。

■ ♯と♭の使い分け方

♯と♭のどちらを使うのかは、元の音（C・D・E・F・G・A・B）のどちらが変化しているかによって決まります。

Gメジャースケールと F メジャースケールを例に解説しますね。

Gメジャースケールの「シ」は、先ほども示した通り、一見 F♯ とも G♭ ともとれます。

しかし、GメジャースケールにはGはあるけどFはありません。

なので、これはFが半音上がって変化したもの（= F♯）ということになります。

Fメジャースケールの「ファ」は、一見 A♯ とも B♭ ともとれます。

しかし、FメジャースケールにはAはあるけどBはありません。

なので、これはBが半音下がって変化したもの（= B♭）ということになります。

キー

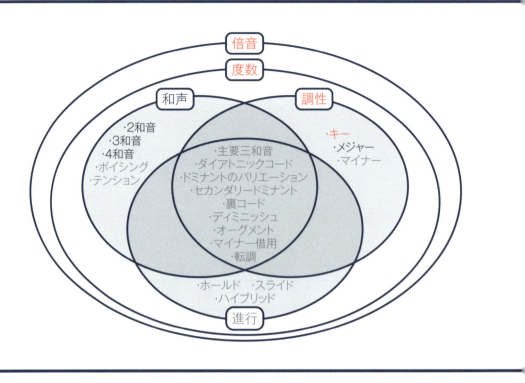

　メジャースケールをなぞると、ドに移動したときに、「落ち着いた感じ・終わった感じ」がしたかと思います。

　この「落ち着いた感じ・終わった感じ」の音を「トニック」と呼びます。

　キーの中で基準となる音です。

　基準となる音がどの音かによって、楽曲のキーが決定づけられます。

　例えば、基準となる音がCの場合、その楽曲のキーは「Cキー」ということになります。

■ メジャーキーとマイナーキー

キーには
▶ メジャーキー（原則としてメジャースケールを用いるキー）
▶ マイナーキー（原則としてマイナースケールを用いるキー）
の2種類があります。

ちなみに、マイナーキーはメジャーキーを理解してからその応用で考えるとわかりやすいので、ここからしばらくの間はメジャーキーのみに絞ってお伝えします。
（マイナーキーはP155からのPART4「曲作りの裏世界!? マイナーキー補完」で詳しく掘り下げていきます）

■ 12通りのメジャーキー

前述した通り、メジャースケールは全部で12通りあります。
メジャーキーというのはメジャースケールを用いるキーなので、同様にそのキーも12通りあるということになります。

そう考えると、「そんなにやらなきゃいけないの？」と、大変そうに思えるかもしれませんが、ご安心ください。
コード理論の基礎的な部分は、ひとつのキーで体得すれば、あとはそこで学んだことを他のキーにコピーするだけでOKです。

というわけで、本書の大部分では♯や♭の付かない最もカンタンなキー、Cメジャーキーを例にして話を進めていくことになりますが、後々他のキーにもすんなりと移っていけるよう、もう少しだけキーの仕組みについて解説させてください。

キー

■ 調号について

「Cメジャーキー」以外のメジャーキーの場合、♯や♭が付いたスケールを用いることになります。

しかし、その都度音符に♯や♭を付けると、譜面が混雑してヒジョーにカオスな状態になります。

そのため、「Cメジャーキー」以外のメジャーキーの場合は、行の最初に♯や♭をあらかじめ付けておきます。

これを、「調号」と呼びます。

F♯メジャースケール

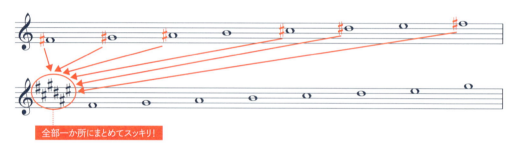

全部一か所にまとめてスッキリ！

■ 五度圏

12通りのキーを♯や♭の数順に並び変えると、完全5度の環状になります。

これを「五度圏」と呼びます。

今の時点ではまだ使わないのですが、転調の際に各キーの関係をパッと見て把握するときなどに役立ちます。

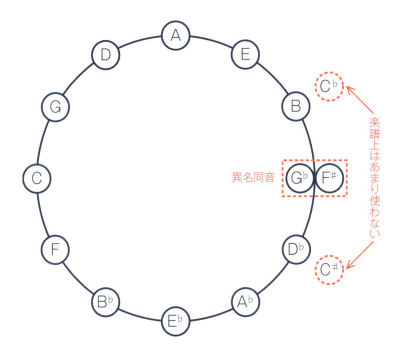

■ ♯の付く順番

　五度圏の図を参照すると、Cメジャーキー（♯も♭もない状態）から始まって、♯の数がひとつずつ増えてキーが変化していることがわかります。

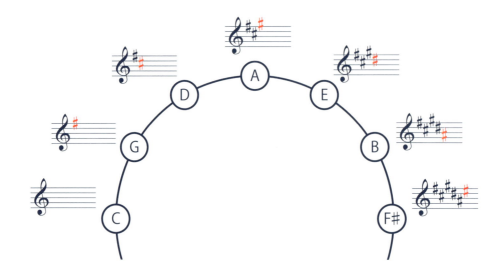

　この♯の付く順番は、「F→C→G→D→A→E→B」となっています。

　これを覚えようとすると結構大変かもしれませんが、「完全5度上になっている」という法則さえ知っていれば、丸暗記する必要はありませんね。

■ ♭の付く順番

　同じく五度圏の図を参照すると、Cメジャーキー（♯も♭もない状態）から始まって、♭の数がひとつずつ増えてキーが変化していることがわかります。

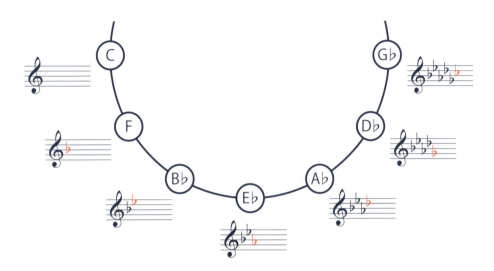

　順番は、「B→E→A→D→G→C→F」です。
　こちらは、「完全5度下になっている」という法則を知っておけばOKです。

　ちなみに、この順番は♯の付く順番と逆になっています。

■ キーを一瞬で見極める裏技〜♯編〜

♯や♭が付いている楽譜を見たときに、「これって一体何キーなの？」と混乱する人って結構いらっしゃるかと思います。

そこで、どんなに♯や♭が付いていてもキーを一瞬で見極める便利な裏技をご紹介しますね。

まず、♯の場合は、最後に♯が付いているところが、そのキーの「シ」の音になります。「シ」ャープの「シ」です(笑)。

つまり、最後の♯のひとつ上がそのキー（ド）になります。

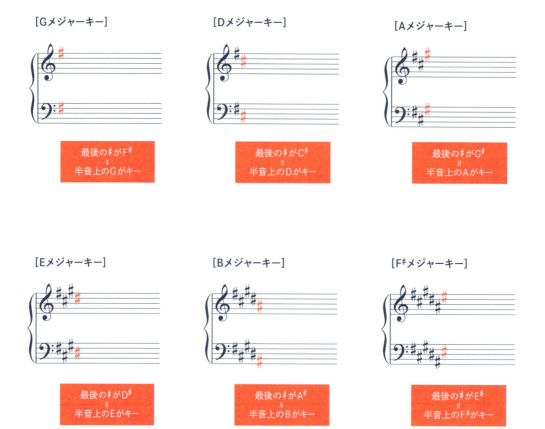

■ キーを一瞬で見極める裏技〜♭編〜

♭の場合は、最後に♭が付いているところが、そのキーの「ファ」の音になります。フラットのフ(ァ)です！（笑）。

つまり、最後の♭の完全4度下がその調号のキー（ド）になります（ファミレド〜と下りてください）。

このように、♯キー・♭キーいずれの場合も、その法則性だけを覚えることで、丸暗記する必要はなくなります。

キー

■ メジャーキーの中でメインとなるコード

メジャースケールの音を3度ずつ4音積み重ねると※、以下の7つのコードができあがります。

※つまりCキーでは、白鍵1コとばしですね！

これらが、メジャーキーの中での基本になるコードです。
「ダイアトニックコード」と呼びます。

次章「PART1 曲作りの基礎テクニック！ その1. ダイアトニックコード網羅」から大活躍するコードたちです。

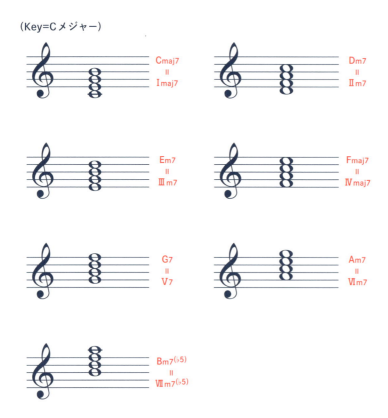

PART **1**

曲作りの基礎テクニック！
その1.ダイアトニックコード網羅

主要三和音

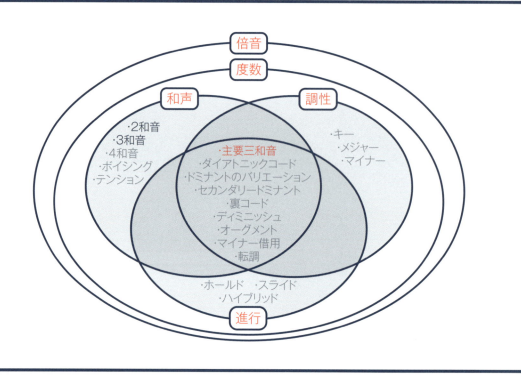

　主要三和音とはメジャースケールのド（Ⅰ）・ソ（Ⅴ）・ファ（Ⅳ）をルートにしたメジャートライアドのことです。

・Ⅰ＝ド・ミ・ソ＝トニックコード（T）
・Ⅴ＝ソ・シ・レ＝ドミナントコード（D）
・Ⅳ＝ファ・ラ・ド＝サブドミナントコード（SD）

　現代のポピュラー音楽のハーモニーを構成する基本的なコードの中でも特に重要度が高い３つのコードです。
　別名「スリーコード」とも呼びます。
　それぞれをテトラッド化した「Ⅰmaj7」「Ⅴ7」「Ⅳmaj7」も、もちろん主要三和音として扱うことができます。

■ なぜ『主要』三和音なのか？

主要三和音が「主要」であるワケをご説明します。

まず、トニック［Ⅰ, Ⅰmaj7］はいいですね。
「この音を中心にしよう！」と決めた音（主音）をルートにしたメジャートライアドがトニックですから、主要でないわけがありません。

そして次にドミナント［Ⅴ, Ⅴ7］。
これは、主音ドにもっとも強く接続する音ソをルートにしたメジャートライアドです。ドミナントについてのみ、その性質をわかりやすくするためテトラッド［Ⅴ7］を用いての解説を基本とします。

最後にサブドミナント［Ⅳ, Ⅳmaj7］です。
主音ドがもっとも強く接続する行き先の音ファをルートにしたメジャートライアドです。

次のページでは、この「力強く接続する理由」をご説明していきます。

■ ドミナント→トニックの接続の理由

ドミナント（V7）の構成音「ソ・シ・レ・ファ」の中の「シ・ファのペア」に着目しましょう。

「シ・ファのペア」は減5度音程になっていて、トライトーン（三全音）とも呼ばれます。極めて不安定な響きを持つ度数です。

実は、このトライトーンの極めて不安定な響きこそが、「ドミナント［V7］→トニック［Ⅰ］」の強い進行感を生む源になっているのです。下の譜例をご覧ください。

ドミナントの中のトライトーン「シ・ファ」が半音ずつ歩み寄って、トニックの中の「ド・ミ」に「解決」しています。

不安定が安定に向かおうとする力こそが、ドミナントがトニックに強く進行する原理です。

「ドミナント［V7］→トニック［Ⅰ］」の進行のことを「ドミナントモーション」あるいは「ドミナント終止」と言います。

■ トニック→サブドミナントの接続の理由

　トニックがサブドミナントに強く進行する理由も、根本的にはドミナントモーションと同じ原理から来ています。
　すべての単音が持つ倍音成分を積み上げるとセブンスコードが形成されることは、すでにP24からの「実は"単音＝セブンスコード"」でお話した通りです。

[C1を鳴らした時の倍音（7倍音まで）によって形成されるC7]

　すなわちトニック（Ⅰ）も、うっすらⅠ7としての響きを隠し持っていることになります。
　Ⅰ7が隠し持つ幻想のトライトーン［ミ・シ♭］が、Ⅳのルートと長3度「ファ・ラ」に解決しようとします。
　これが「トニック［Ⅰ］→サブドミナント［Ⅳ］」が強く進行する原理です。

[Key=C]

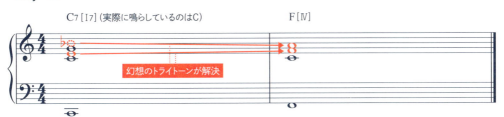

■ サブドミナント→トニックの接続について

前のページでご説明した「トニック[Ⅰ]→サブドミナント[Ⅳ]」を逆に接続した場合はどうなるでしょう。「サブドミナント[Ⅳ]→トニック[Ⅰ]」です。

「ドミナント[Ⅴ7]→トニック[Ⅰ]」や「トニック[Ⅰ]→サブドミナント[Ⅳ]」の場合とは違う、すっと落ち着くような流れが感じられると思います。この進行を「サブドミナント終止」と呼びます。

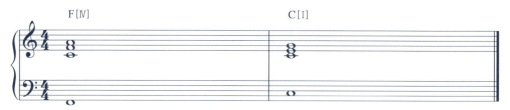

「サブドミナント[Ⅳ]→トニック[Ⅰ]」の接続は、「ルートモーション」と「その上に積まれる和声の動き」に分けて考えましょう。

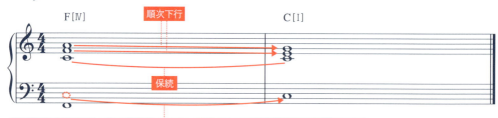

ルートモーションでは、サブドミナントのルート（ファ）の3倍音であるドが、トニックのルート（ド）の実音に接続しています。

そして、和声の動きの方では、「ファ→ミ」と「ラ→ソ」の順次下行と「ド→ド」の保続が、すっと落ち着くようなやや静的な進行感を生み出しています。

■ トニック→ドミナントの接続について

これも、穏やかな進行です。
ポピュラーミュージックに限らず、あらゆるジャンルで使われる進行です。

トニックからドミナントへの接続にも、「サブドミナント[Ⅳ]→トニック[Ⅰ]」のサブドミナント終止と同じ力が働きます。

実は、この力はあらゆる4度下行（5度上行）の進行に働いています。
詳しくはPART2のP97「ホールド」でお伝えします。

■ サブドミナント→ドミナント、ドミナント→サブドミナントの接続

　最後は、「サブドミナント[Ⅳ]→ドミナント[V7]」と「ドミナント[V7]→サブドミナント[Ⅳ]」の接続について解説します。

　どちらも「同じ構造の隣接するコードへの接続」ですね。

　しいて言うならば、上行の「サブドミナント[Ⅳ]→ドミナント[V7]」はちょっとがんばってる印象、下行の「ドミナント[V7]→サブドミナント[Ⅳ]」はなりゆきまかせな印象、と表現できるかもしれません。

　ご紹介した主要三和音同士の接続のいずれの進行も、PART2「曲作りの基礎テクニック！ その2.ノートコネクション＆ボイシング縦横無尽」まで読み進めていただくと、より一層深く理解できます。

column

■「感覚派？ 理論派？ あなたはどっち？」

　僕はかつてアンチ理論派の人間で、直感でスゴイことをやってのける人のほうが音楽家として上だと思っていました。

　しかも、なまじ周りから「お前はセンスがいいね」と言われてたもんだから、「理論なんて感覚派の俺様には必要ないぜファックユー！」というイキがりっぷり。

　しかし、ある作編曲家さんが手掛けた作品との出会いが、僕の音楽との向き合い方を大きく変えることになります。

　その楽曲は、パッと聞き耳なじみの良いオーソドックスなバラード。

　しかし……よく聴くと、当時の自分には到底思いつかない複雑なコードワークがいたるところに散りばめられていたのです！

　その巧みな技術に深く感動した僕は、一瞬で彼のファンになり「嗚呼……こりゃあ感覚でやっててもラチがあかん！」と痛感。

　すっかり改心した僕は、猛烈な勢いでコード理論を学び始めます。

　すると、僕の作る楽曲はみるみるうちに変わっていきました。

　分析力が上がったことにより、既成曲からインプットできるものの量が劇的に増えたからです。

　そして何より、それまでイメージできなかったような音がどんどん頭の中で鳴るようになりました。

　「感覚でやっていてもラチがあかん」と思って始めた理論の勉強でしたが、気がつけば感覚そのものが磨かれていたのです。

　「理論派と感覚派どっちがジャスティスか？」のような会話をしばしば耳にすることがありますが、本来このふたつは比べるべきものではないですね。

　むしろ理論は、新しい感覚の扉を開いてくれる鍵のような役割を果たしてくれるものだと、今なら思います。　　　（熊川ヒロタカ）

主要三和音による接続の具体例

■ 主要三和音による接続の具体例

　では、いよいよ主要三和音同士を接続して、実際のコード進行を作ってご覧に入れることにしましょう。
　（お待ちかね！　末尾にワークもご用意しています）

　主要三和音。たった3種類のコードですから、何も考えずに感覚だけで並べてしまっている方も多いでしょう。
　ここまでご説明してきた通り、主要三和音同士はどう並べても比較的きれいに繋がります。
　もちろん、そのやり方自体は間違いではありません。

　しかし、それぞれの接続の性質の違いを自覚しながら使うことで、より明確な意図を反映したコード進行が作れるようになります。

　主要三和音のみで作れるコード進行のバリエーション、そのおもだったところの持つ流れを、ひとつひとつ解説していきます。

Palette-Pt1-01

■ トニックから始まり、別のコードからすぐ戻ってくるパターン

　まずはトニックから始まり、ドミナントかサブドミナントを経てトニックに終止するパターンを見てみましょう。

①T → D → T
[Key=C]

　誰もが子供の頃から慣れ親しんだ「起立・礼・着席」と同じコード進行です。号令と共にビシッと立ち上がって、緊張感を持って礼をし、そして最後は着席してホッとする。そんな流れを感じる進行です。

②T → SD → T
[Key=C]

　こちらはサブドミナント終止を採用した例です。
　先ほどとはうってかわり、静かに立ち上がって、ゆっくり礼をし、再び静かに着席する。「①T→D→T」よりもスムーズで穏やかな印象の進行です。

※サブドミナント終止は別名「アーメン終止」とも呼ばれます。まさに祈りのような穏やかな印象のコード進行ですね。

次は、主要三和音を全て使い、かつ4小節で終止するパターンを
いくつか挙げていきます。例えば以下の様なものが考えられます。

③ T → T → D → T
[Key=C]

前半はトニックを長く鳴らすことで地に足が着く感じです。しかし、その一方で、変化が少なく、やや淡々とした印象でもあります。しかし、前半変化が少なかった分、最後はドミナント終止でしっかりオチをつけています。

④ T → D → D → T
[Key=C]

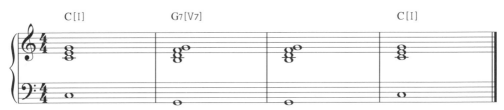

③の2つ目のコードが変化したバージョンです。変わったのは1箇所のみです。ゆったりとドミナント終止するため淡々とした感じと力強さが共存する印象です。

⑤ T → T → SD → T

[Key=C]

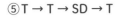

今度は③のドミナントが変わってるバージョンです。③では淡々とした印象でありながらも最後にしっかりとオチがついていましたが、この例ではサブドミナント終止になっています。

あまり大きな変化がないため静かで穏やかな印象と言えます。

⑥ T → SD → SD → T

[Key=C]

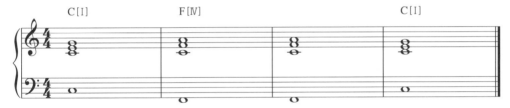

⑤の2つ目のコードが変化したバージョンです。ゆったりと時間をかけて、穏やかなサブドミナント終止をします。極めて草食系な進行です。

⑦ T → SD → D → T
　[Key=C]

トニックが力強く接続するサブドミナント、そしてサブドミナントが滑らかに繋がるドミナント、そしてドミナント終止。

　主要三和音同士の「力強い接続」を最大限に活用したパターンです。キャッチーでメリハリのある曲を作りたいなら無視できないパターンです。

⑧ T → D → SD → T
　[Key=C]

最後はトライトーンによる力強い接続のとにかく逆を行く流れにしてみました。全ての接続において滑らかさに特化した接続です。

column

■ なんじゃあこりゃ!? ブルース進行じゃあ！

　主要三和音についてご説明したところで、その変則的な用法としてブルース進行をご紹介したいと思います。

　こちらの12小節をご覧ください。

例:Cキーのブルース進行

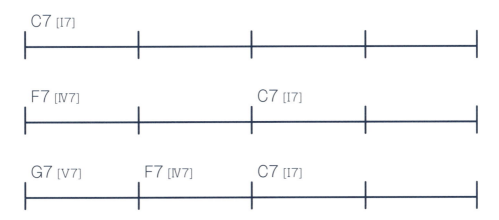

　この12小節をグルグル回すのが、ブルースの基本的なコード進行です。ブルースは、コード進行というところだけ見るとびっくりするくらい全部同じです！（笑）。

　使われるコードは主要三和音の「Ⅰ・Ⅳ・Ⅴ」のみ！ しかもⅤ以外のⅠとⅣもセブンス化している……。

　コード理論をちょっと読み齧ったくらいの頃に、このブルースの定型パターンを知ると「えぇえ!?」と面食らいますね（笑）。

　実はこの「すべてがセブンス化している」のも、倍音から来ています。

　ブルースの主な源流である黒人音楽が発祥したアフリカの大地は、とても乾燥した地域です。そして、さえぎるもののない屋外が主な舞台でした。つまり、倍音がよく聴こえる。それで7倍音まで拾って、セブンスの響きまで取り込んだ和声がブルース（の源流の黒人音楽）の基本になったものと思われます。

　余談ですが、正しくはブルー「ス」ではなくブルー「ズ」なんですよ！ 知ってました？（この本ではわかりやすさ優先でブルースって書いてますけど……）　　（石田ごうき）

主要三和音による接続の具体例

■ 実習セクションについて

　実習セクションではこのPARTで学んだことを早速あなた自身の手で実践していただきます。カンペである「パレット」と「レシピ」はもうダウンロードされましたか？
　まだの方は以下のアドレスからダウンロードをして手元に用意してからトライしてくださいね。
URL：http://io-music.jp/chord-theory_palette&recipe/

■ 実習〈主要三和音〉

課題：以下に示したコード進行を楽器で演奏するか、打ち込んで鳴らしてみましょう。
（参照資料：Palette-Pt1-02）

▶トニックで始まり、トニックで終わるコード進行パターン。

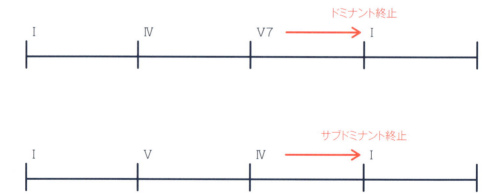

▶ V7から冒頭のIに循環するコード進行パターン。

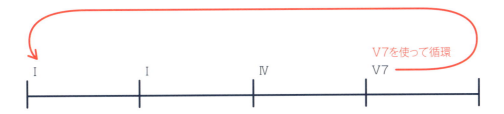

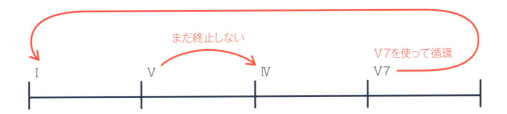

メジャーダイアトニックコード

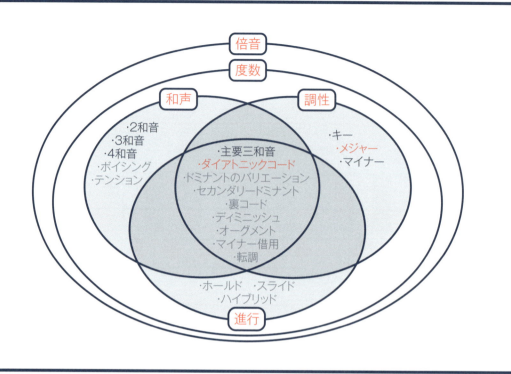

　メジャースケール上の音をルートとして、そこに同じくメジャースケール上の構成音を3度積みしたコードのことを、「メジャーダイアトニックコード」と呼びます。
　メジャーキーの曲での基本になるコードです。

　メジャーダイアトニックコードのそれぞれの役割を深く理解することが、コードの接続を意図的にコントロールしていくためのカギです。

　今までなんとなく使っていたという方も、ここでその役割についてしっかりと押さえておきましょう。

■ メジャーダイアトニックコード一覧

メジャーダイアトニックコードは以下の7つになります。

このうち、「Imaj7・V7・IVmaj7」は、すでに主要三和音のところで学んだコードですね（T・D・SD）。

ここでは、初登場の「IIm7・IIIm7・VIm7・VIIm7(♭5)」という4つのコードの使い方をマスターしていきましょう。

Palette-Pt1-03

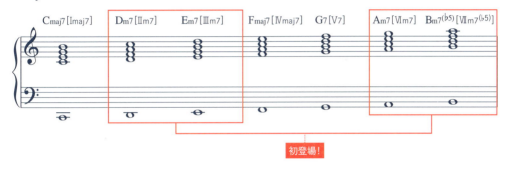

■ 代理コード

あるコードに対して共通音を持ち、同じ役割を担わせることができるコードがあります。

これを代理コードと呼びます。

代理コードをマスターすることで、コードの選択の幅が劇的に広がりますよ。

Ⅱm7、Ⅲm7、Ⅵm7、Ⅶm7(♭5)には、主要三和音のいずれかの役割を代理させることが可能です。

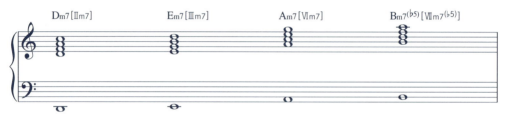

どれがどれの代理コードになるのか、使用頻度の高いものから順に解説していきますね。

■ VIm7 ＝ トニック代理

まず、最も使用頻度の高いVIm7から見ていきましょう。

VIm7は、Imaj7（トニック）の代理です。

トニックの最大の特徴でありルートである「ド（主音）」が含まれています。

※ダイアトニックコードにはトライアドとテトラッドがありますが、共通音についての理解を深めるために、ここではコード同士がより多くの共通音を含むことになるテトラッドを使って解説していきます。

なので、Imaj7と同じように、V7から接続して終止することができます。

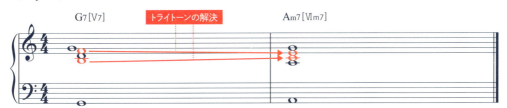

■ Ⅱm7 ＝サブドミナント代理

Ⅱm7は、Ⅳmaj7（サブドミナント）の代理になります。
サブドミナントの特徴である「ファ」が含まれているからです。

また、Ⅴ7に対してルートモーションが完全4度上行になるので（Ⅱ→Ⅴ）、より強い進行感が生まれます。これをⅡ-Ⅴモーションと言います。※

※ またⅤ7を「Ⅱm7→Ⅴ7」の進行に分割することをこの本では「Ⅱ-Ⅴ化」と呼びます。

■ Ⅲm7 ＝ トニック代理・ドミナント代理

　Ⅲm7は、Ⅰmaj7（トニック）の代理になります。
　共通音である「ミ・ソ・シ」が含まれているからです。
　ただし、主音である「ド」を含まないので、楽曲が終止する箇所には使えません。
　進行の途中経過のみ、代理として使うことができます。
　また、Ⅴ7（ドミナント）の代理にもなります。
　共通音である「ソ・シ・レ」が含まれているからです。
　ただし、トライトーンである「シ・ファのペア」を含まないので、Ⅰmaj7に接続してドミナント終止することはできません。
　同じく、進行の途中経過のみ、代理として使うことができます。
　つまり、Ⅲm7は「経過的なトニック」or「ドミナント」専用の経過的な代理コードということです。

[Key=C]

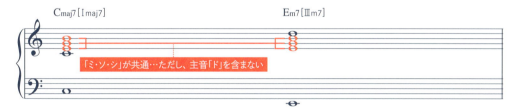

メジャーダイアトニックコード

■ 共通音について

Ⅲm7がⅠmaj7（トニック）とⅤ7（ドミナント）の代理として使えるのは、共通音が多いからということでした。

これを踏まえて考えると、一見Ⅵm7はⅣmaj7（サブドミナント）の代理ともとれます。

しかし、結論を言うと、Ⅵm7はⅣmaj7（サブドミナント）の代理としては扱いません。

これは、サブドミナントの重要な一音である「ファ」が入っていないため、あくまでⅠmaj7（トニック）の代理としての機能のほうが強くなるからです。

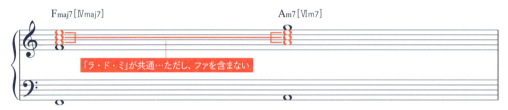

■ VIIm7(♭5) ＝ ドミナント代理

VIIm7(♭5)はV7（ドミナント）の代理になります。

ドミナントの最大の特徴である「シ・ファ」というトライトーンを含んでいるからです。

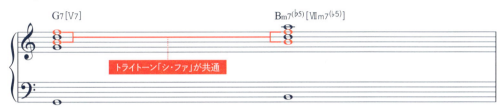

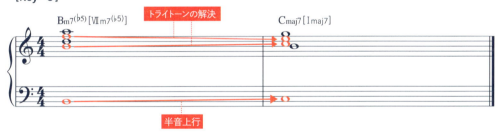

ただし、Imaj7に接続したときにルートが完全4度上行ではなく半音上行になるので、V7→Imaj7ほどの強い進行感は生まれません。

解決感は持たせながらも、ぬるっとさりげなくトニックに接続したいときに有効ですが、あまり多用されるアプローチではありませんね。

■ 実習〈ダイアトニック代理コード〉

~ ベーシック課題 ~

以下に示したコード進行の一部を指定した代理コードに置き換えましょう。置き換える前、置き換えた後での聞こえ方の違いについて意識して聴いてみましょう。

（参考資料：Palette-Pt1-04/Recipe-Pt1-01）

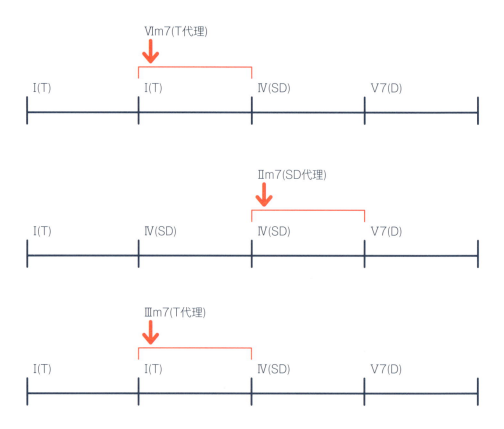

補足：ドミナントの代理Ⅶm7(♭5)は、ダイアトニックコードから強進行で接続することができないため、その他のダイアトニックコードと比べ多用しません。

～ アドバンス課題 ～

　以下のコード進行の空欄に自由にダイアトニックコードを入れて機能的なコード進行を完成させましょう。
（参考資料：Palette-Pt1-04/Recipe-Pt1-02）

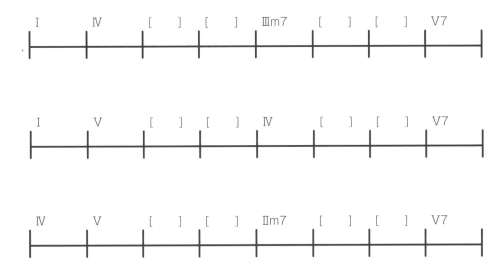

■ **メジャーダイアトニックコードと
それぞれの役割まとめ**

　以上、メジャーダイアトニックコードのそれぞれの役割をまとめると、下の図のようになります。

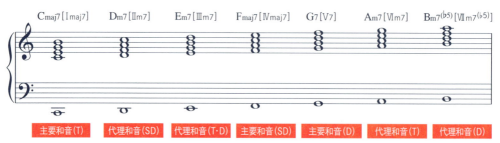

PART 2

曲作りの基礎テクニック!
その2.ノートコネクション
&ボイシング縦横無尽

ノートコネクション

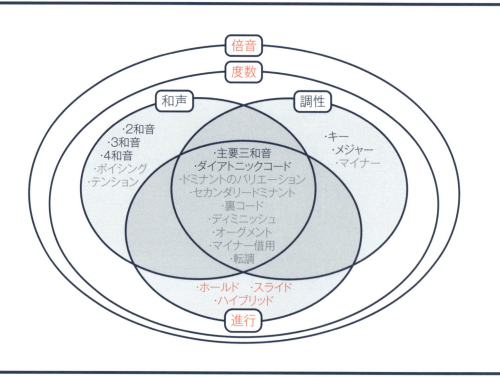

　作曲家、プレイヤーに関わらず、音楽家の誰もがスルーしてしまっているクエスチョンがあります。
「音は、なぜ繋がるのだ？」
　あなたも当たり前に「音は繋がるもの」と思ってきたのではないでしょうか。しかし、すべての現象には科学的な根拠があります！

　この当たり前すぎてスルーされているクエスチョン「音はなぜ繋がるのか」のメカニズムに、倍音主義の立場からメスを入れ、音の接続（この本では「ノートコネクション」と呼びます）に働く力学を、これでもかというほど解明いたします。
　このPARTを理解することで、「なんとなく」ではなく、より明確な意図をもって音を接続できるようになるでしょう。

　本邦初公開！　音の接続の秘密をご堪能あれ。

■ ノートコネクションの力学

　ここまでにもお伝えしてきた通り、コードは単音の集合体です。この単音のことを英語で「ノート」と言います。

　楽曲が進行、変化していけるのは、性質の違うノートが接続できるからです。

　例えば、これだってそう。

　ただメジャーコードをアルペジオ的になぞっただけのものですが、そこに音楽的な流れ、連続性、フレーズっぽさを感じますよね。

　それはノートコネクションの力学のなせるワザです。

　もっと単純なこれもそう。

　メジャースケールを駆け上がっただけですが、こんな単純な並びにも音楽的な流れ、連続性、フレーズっぽさを感じます。

　次のページから、この接続のメカニズム、ノートコネクションの力学を詳しくご説明いたします。

ノートコネクション

■ 滑らかな接続の序列

まずは、ある音 [1] が接続しうる次の音 [2] の選択肢をすべて出してみましょう。

われわれが親しむ12音階の音楽においては、動きのない同一ノートも含めて12の行き先があり得ます（オクターブ外は、ここではオクターブ内の音と同じと見なします）。

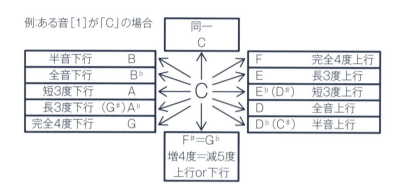

これを滑らかに接続する順に並べ替えると、下図のようになります。

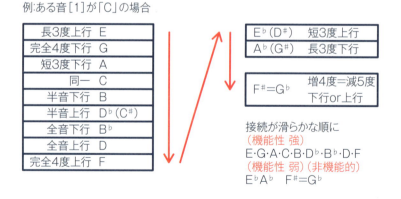

なぜ滑らかに接続する順がこの序列になるのか、その秘密を丁寧に説明していきます。

これもやはり、すべての源は倍音と周波数にあるんですよ！

■ ホールド・スライド・ハイブリッド

　ノートコネクションの力学は全部で3種類あります。
　この本ではそれぞれ「ホールド」「スライド」「ハイブリッド」と名付け、そう呼びます。

Palette-Pt2-01

＜ホールド＞

　2つのノート同士が実音か倍音に共通音を持っていることが根拠になる接続です。完全4度下行、長3度上行、短3度下行、短3度上行、長3度下行が含まれます。

＜スライド＞

　2つのノート同士が隣接する音、すなわち周波数が近い音であることが根拠になる接続です。半音の上行下行、全音の上行下行が含まれます。

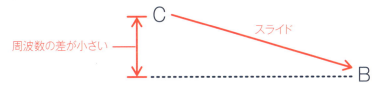

＜ハイブリッド＞

　ホールドとスライドの力学を組み合わせた接続です。完全4度上行のみがこれにあたります。ちょっと複雑になるので、例付きの詳しい説明は後にしますね。

■ 次数下降・次数上昇

というわけで、各ノートコネクションの力学をホールドから順にご説明していきたいのですが、その前知識として押さえておいていただきたいのが、「次数下降・次数上昇」という概念です。

下の図をご覧ください。

これは、もっとも滑らかなホールド接続の代表格、長3度上行の際の「5倍音→実音」という共通音の「次数下降」を示した図です。

倍音というのは、低次であるほど混入比率（≒音量）が高くなるのが基本です。したがって「5倍音→実音」という関係は、共通音がもっとも強化される進行と言えます。

逆に、

長3度下行の場合は「実音→5倍音」という形で、もっとも共通音が弱体化することになります。

次数がどれだけ下降しているか、上昇しているかが、接続の説得力を左右します。

■ ホールド

ホールド理解の前知識「次数下降・次数上昇」についてお知りおきいただいたところで、いよいよノートコネクションの詳しい解説に入っていきます！

ホールド接続に含まれるモーションに、その共通音の次数変化を添えたものが下図です。

<u>次数下降</u>

長3度上行	5倍音 → 基音
完全4度下行	3倍音 → 基音
短3度下行	5倍音 → 3倍音

<u>次数上昇</u>

短3度上行	3倍音 → 5倍音
長3度下行	基音 → 5倍音

ホールド接続は大まかに次数下降組と次数上昇組に分かれることがわかりますね。下降組の方が滑らかな接続感になることは言うまでもありません。

次数下降組はもっとも滑らかな接続、次数上昇組は増4度／減5度という非機能的な接続を除いた中ではもっとも断層感のある接続になります。

また、滑らかさという観点では、下降組と上昇組の間に同一音連続、スライド接続、ハイブリッド接続が挟まります。

■ スライド

続いてスライド接続です。倍音ではなく周波数に着目します。

スライド接続は、隣接するノート同士の接続、すなわち近い周波数同士の接続ということになります。

近いものは繋がって見える！　……というすごく単純な理由で接続します。

周波数がどれだけ近いかが接続の根拠ですから、半音か全音かがまず大きなポイントになります（半音の方が近い）。

その上で、上行と下行の持つ性質の違いによって滑らかさにわずかな序列が付きます。

基本的に、自然界の無生物は下に向かう動きをします（流水や落石を考えるとわかりやすいですね）。

逆を言うと、上に向かう動きをする存在には、意志、すなわち生命力が感じられます（無生物でも火山の噴火なんかが生命力を彷彿とさせるのもこのためでしょう）。

下に向かう動きは「なりゆき」、上に向かう動きは「ちょっとがんばってる」感じになるということです。

だから、「なりゆき」の下向の方をやや滑らかに感じるはずです。

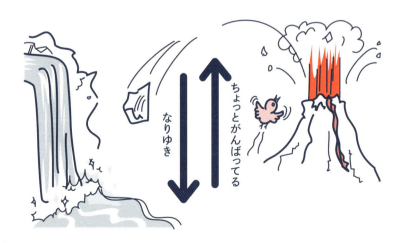

■ ハイブリッド

最後にハイブリッド接続です。

これは完全4度上行（完全5度下行）のみですね。

PART1のP66「ドミナント→トニックの接続の理由」でご説明したドミナントモーションの源流とも言える力学が働いています。

下図をご覧ください。

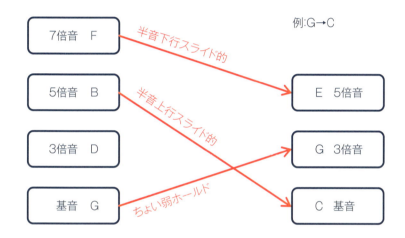

低い方から順に、
- ◯ 基音が3倍音にホールド接続（次数上昇）
- ◯ 5倍音が基音に上向スライド的に接続（次数下降的）
- ◯ 7倍音が5倍音に下向スライド的に接続（次数下降的）

というガップリヨツな接続です。

基音が3倍音に次数上昇しているので、そこだけは弱いのですが、トライトーンのタネ「5倍音からの上行＋7倍音からの下行」という解決がきわめて力強い接続感を生みます。

これこそが、完全4度上行が強進行と言われるゆえんであることは、すでにお伝えした通りです。

■ ダイアトニックコード同士の前後の接続 主要三和音

ここまでお話してきたノートコネクションの力学を踏まえて、ダイアトニックコードのルートの接続しやすさを考えてみましょう。まずは主要三和音からです。

I	前	後
長3度上行	—	Ⅲm7
完全4度下行	Ⅳ	V7
短3度下行	—	Ⅵm7
半音下行	—	Ⅶm7(b5)
半音上行	Ⅶm7(b5)	—
全音下行	Ⅱm7	—
全音上行	—	Ⅱm7
完全4度上行	V7	Ⅳ
短3度上行	Ⅵm7	—
長3度下行	Ⅲm7	—
増4度上下	—	—

V7	前	後
長3度上行	—	Ⅶm7(b5)
完全4度下行	I	Ⅱm7
短3度下行	—	Ⅲm7
半音下行	—	—
半音上行	—	—
全音下行	Ⅵm7	Ⅳ
全音上行	Ⅳ	Ⅵm7
完全4度上行	Ⅱm7	I
短3度上行	Ⅲm7	—
長3度下行	Ⅶm7(b5)	—
増4度上下	—	—

Ⅳ	前	後
長3度上行	—	Ⅵm7
完全4度下行	—	I
短3度下行	—	Ⅱm7
半音下行	—	Ⅲm7
半音上行	Ⅲm7	—
全音下行	V7	—
全音上行	—	V7
完全4度上行	I	—
短3度上行	Ⅱm7	—
長3度下行	Ⅵm7	—
増4度上下	× Ⅶm7(b5)	Ⅶm7(b5)

トニックⅠへの接続は、トライトーンを含むⅤ7かⅦm7(♭5)からの解決、あるいはⅣからのサブドミナント終止が基本となります。Ⅱm7からの全音下行もサブドミナント終止的に解釈してナシではないですが、純正のサブドミナント終止に比べるとややモヤッとした印象になりますね。

　逆にトニックⅠから接続していく場合には、あらゆるコードが程度の差こそあれ機能的に接続できます。

　Ⅴ(7)への接続は、Ⅲm7以外のすべてが機能的に働きます。また、Ⅲm7も非機能的な接続の中では非機能感軽度の短3度上行になりますので、比較的なんでも繋げるコードと言えます。

　出口側、Ⅴ(7)から接続していく場合には、トニックⅠと同様にあらゆるコードが機能的に接続できます。

　Ⅳへの接続は、トニックⅠからの4度上行、そしてトニックⅠの経過的代理コードⅢm7からの半音上行スライド接続とⅤ7からの全音下行スライド接続が王道です。

　Ⅱm7からの接続も非機能感軽度の短3度上行ですので、まあまあ使える範囲と言えるでしょう。

　増4度関係のⅦm7(♭5)からの接続はあまりオススメできません。

　出口側、Ⅳから接続していく場合、これもほとんどのコードが機能的に接続できます。

　ただし、Ⅶm7(♭5)だけは増4度関係になるので、かなりギクッとします。この場合のⅦm7(♭5)は、次のコード（ⅠやⅢm7）に接続することで、存在が許されるような位置付けと言えそうです。

■ ダイアトニックコード同士の前後の接続 代理コード

続いて各代理コードの接続を見ていきましょう。

特殊な立ち位置であるⅦm7(♭5)を除く、Ⅵm7、Ⅲm7、Ⅱm7をまずはチェックしましょう！

Ⅵm7	前	後
長3度上行	Ⅳ	—
完全4度下行	Ⅱm7	Ⅲm7
短3度下行	Ⅰ	—
半音下行	—	—
半音上行	—	—
全音下行	△ Ⅶm7(♭5)	Ⅴ7
全音上行	Ⅴ7	Ⅶm7(♭5)
完全4度上行	Ⅲm7	Ⅱm7
短3度上行	—	Ⅰ
長3度下行	—	Ⅳ
増4度上下	—	—

Ⅱm7	前	後
長3度上行	—	—
完全4度下行	Ⅴ7	Ⅵm7
短3度下行	Ⅳ	Ⅶm7(♭5)
半音下行	—	—
半音上行	—	—
全音下行	Ⅲm7	Ⅰ
全音上行	Ⅰ	Ⅲm7
完全4度上行	Ⅵm7	Ⅴ7
短3度上行	× Ⅶm7(♭5)	Ⅳ
長3度下行	—	—
増4度上下	—	—

Ⅲm7	前	後
長3度上行	Ⅰ	—
完全4度下行	Ⅵm7	△ Ⅶm7(♭5)
短3度下行	Ⅴ7	—
半音下行	Ⅳ	—
半音上行	—	Ⅳ
全音下行	—	Ⅱm7
全音上行	Ⅱm7	—
完全4度上行	Ⅶm7(♭5)	Ⅵm7
短3度上行	—	Ⅴ7
長3度下行	—	Ⅰ
増4度上下	—	—

まず、目に付くのが、随所で要注意人物扱いになっているⅦm7(♭5)ですね。こいつはトニックへの接続で存在が許されるような位置付けと先ほどお伝えした通りですので、Ⅵm7やⅡm7への接続はあまり機能的に働きません。

Ⅵm7をトニックⅠの代理として偽終止的な解釈で捉えれば、まあありかな、という感じです（あまりキレイではないですけどね）。

Ⅱm7への接続はよくわからん感じになりますね。かなりオススメできません。

Ⅲm7からⅦm7(♭5)は、トニックⅠの代理であるⅢm7からドミナントⅤ7の代理であるⅦm7(♭5)に向かっている形ですが、その後結局トニックに出戻る感じになりますので、妙な行ったり来たり感が出てしまうのが気になるところです。ナシではないですが、ほとんどしません。

あと特筆すべきは、Ⅵm7からⅣへの接続でしょうか。

これはⅥm7が持つⅠの代理として機能を活かして、わりとすんなり繋がってくれます。

■ Ⅶm7(♭5)について

ここまでの検証を総合してⅦm7(♭5)は、Ⅲm7以外のダイアトニックコードからはわりと機能的に接続します。

しかし、出口側はトニックⅠに解決することが一番多く、完全4度上行でⅠの代理であるⅢm7に接続することがごくたまにある程度です（あくまでダイアトニックコード同士のみの場合）。

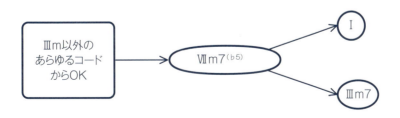

■ 実習〈ノートコネクション〉

〜 ベーシック課題 〜

以下に示したコード進行を楽器で演奏するか、打ち込んで鳴らしてみましょう。

（参考資料：Palette-Pt1-04）

～ **アドバンス課題** ～

　指定したノートコネクションを活用し、以下のコード進行の空白を埋めましょう。
（参考資料：Palette-Pt1-04/Recipe-Pt2-01）

・ホールド・ハイブリッドを中心に使用すること

・ホールド・スライドを中心に使用すること

・ホールド・スライド・ハイブリッドをすべて使用すること

ボイシング

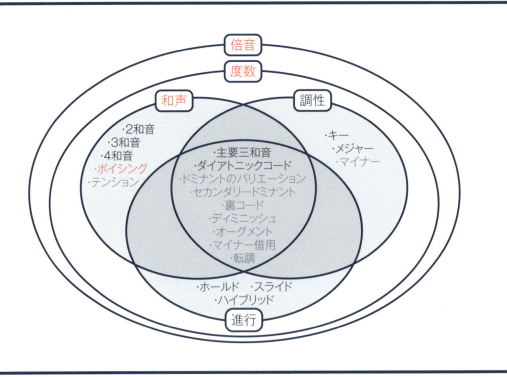

■ ボイシング

　コードというのは、その瞬間の和声の構成音を記号化しただけのものです。

　すなわち、「ＣＥＧ」と積まれていようが、「ＣＧＥ」と積まれていようが「ＣＣＧＣＥＧＣ」と積まれていようが、これらはすべて「Ｃメジャーコード」ということになります。

　ボイシングというのは、この「コードの構成音をどのように積むか」です。

　コードというのは、同じ構成音でも積み方によってガラリと違う表情を見せてくれます。

　コード理論を土台にしたアプローチを完全に使いこなすためにもぜひマスターしておきたい考え方です。

■ 転回形

転回形というのは、コードの構成音の並び順を入れ替えたものです。構成音の低い方から順に、トップに繰り上げます（下図）。

[例：Cmaj7 の転回形]

転回しているコードとは別にルート音をベース音として鳴らしています。

○ ルート音をトップに持ってきたものが第1転回形
○ その上に3度の音を持ってきたものが第2転回形
○ その上に5度の音を持ってきたものが第3転回形（ただし、第3転回形はテトラッドの場合にしかない）

となります。

構成音を転回することで、トップに持ってきたノートの色味が強調されます。

ルート音をトップに持ってくるとストレートな印象（第1転回形）、3度だとメジャーかマイナーかが際立った印象（第2転回形）、5度だとガッチリした印象（第3転回形）……のように、微妙な表情の違いが演出できますね（弾き比べてみてください）。

Palette-Pt2-03

■ コード同士の接続を滑らかにするために転回形を活用する

ノートの色味を強調して、コードの微妙な表情の違いをコントロールする以外にも、転回形には実用的なメリットがいくつかあります。

まず、コード同士の接続が滑らかになる、ということです。
たとえばこういう進行。

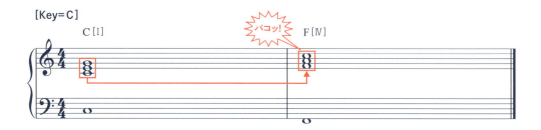

CからFに、基本形で繋いでしまうと構造自体がまるごとバコッと上がった形でなんともぶっきらぼうな感じになってしまいますね。そこで、こういう風にしてあげます。

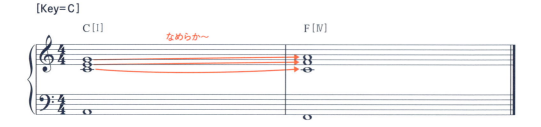

C音は同じ高さでホールド的に保続したまま、E音をF音に、G音をA音にスライド接続的に繋いだ形にします。

基本形をドン！ ドン！ とやるよりもかなり滑らかな接続ですね。できるだけ、こういう接続になる転回形を選びましょう。

■ トップノートをメロディアスにするために転回形を活用する

より積極的なアプローチとして、トップノート（最高音）をメロディアスにするために転回形を活用することができます。

下図は、左ページでご紹介した通りのただ滑らかに繋ぐ転回形です。

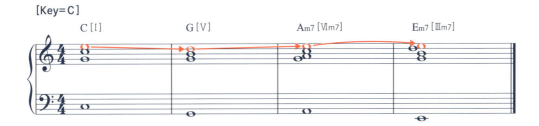

滑らかに繋がっていますので悪くないですが、まあ、ただコードが流れているだけの面白味のない接続ですね。

これをこんな風に演出してあげます。

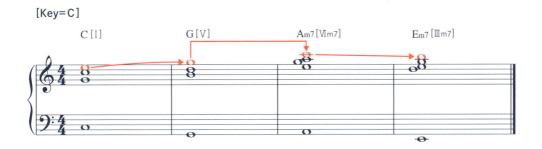

たったこれだけのことで、なんか泣ける進行っぽくなりました！……ちょっと中学校の合唱曲っぽい空気で、甘酸っぱい青春が蘇ってきます（僕だけ？ 笑）。

この考え方を取り入れることで、進行のドラマティック度を人知れずカサ増しすることができます。

■ クローズドボイシングとオープンボイシング

　クローズドボイシングとは、構成音が1オクターブ以内に収まるボイシングのことです。
　密度感のある響きが特徴で、減衰音系の楽器（ピアノやギターなど）でリズムを刻むのに適しています。

[Cのクローズドボイシングの例]

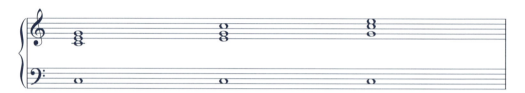

　オープンボイシングとは、構成音が1オクターブ以上に広がったボイシングのことです。
　音同士の間隔にゆとりがありますので、空気感ゆたかで開放的な響きになります。持続音形の楽器（オルガンやストリングスなど）で長い音符を演奏するのに適しています。

[Cのオープンボイシングの例]

　さらに音域を拡げた、スプレッドボイシングとかもありますが、基本的な考え方は同じです。
　音同士の間を詰めるほど高密度な厚みのある音になり、音同士のスキマを拡げるほど開放的なゆとりのある音になります。

■ コードトーンオンコード

　コードのルート以外の音をベース音に持ってきた形を、この本ではコードトーンオンコードと呼びます。

　トップノートのときと同様に、ベースを何度の音にするかによって、コードの表情が微妙に変わります。……微妙と言っても、トップノートのときよりも大きな影響を感じることでしょう。

　コードの基本的な性質は変えずに、ベースの動きを変えることができますので、実際の曲作りの中では非常に重宝するテクニックです。

　メジャーコードの場合は、ルート・長3度・完全5度に加えて、短7度の音が有効です。長7度をルートにしている解釈の曲もあるにはあるのですが、非常に不安定な響きになるため注意が必要です。

　マイナーコードの場合は、ルート・完全5度と短7度が有効です。短3度をルートにしてしまうと、その音を元々の基音とした6thコードのように響いてしまうので、別の解釈になってしまいます（解釈が変わるだけで音使い自体がNGなわけではありません）。

■ 実習〈ボイシング〉

課題：以下に示したコード進行を指定した形のボイシングで演奏するか、打ち込んで鳴らしてみましょう。
（参考資料：Palette-Pt1-04/Recipe-Pt2-02）

1. トップノートを「ミ・レ・ミ・ミ」にすること。

(key of C major)

2. トップノートを「ミ・ソ・ド・シ」にすること。

(key of C major)

3. ベースがCから順次で下行するようにすること。

(key of C major)

PART **3**

曲作りの応用テクニック！
その1.ドミナントコード百花繚乱

ドミナントのバリエーション

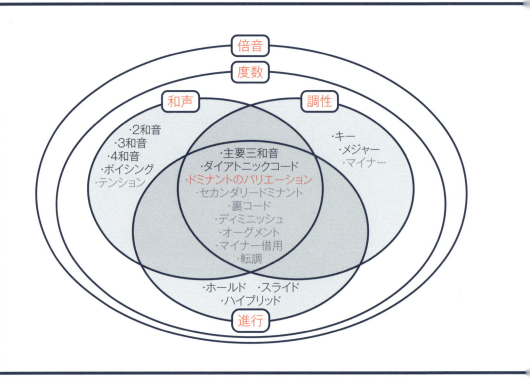

　ドミナントは様々な変形の可能性を持つコードであり、機能的なコード進行の最大のカギになるコードでもあります。

　ドミナントを巧みに使いこなせるかどうかが、コード理論マスターになれるかどうかの分かれ目と言っても良いでしょう。

　さあ、そのドミナントを千変万化百花繚乱にカスタムするためのテクニックを余すところなくお伝えしていきます。

　お楽しみください。

■ sus4

まずは、ドミナントを様々な形に変形させるお話から始めましょう！

sus4とは、メジャートライアドの長3度を完全4度に変えたものです。

susとはsuspendedの略で、「吊り上げた」という意味です。ズボンのサスペンダーの語源です。
（古っ！　年齢がバレますね。笑）

長3度を完全4度に半音吊り上げるイメージから、sus4と呼ばれているようです。

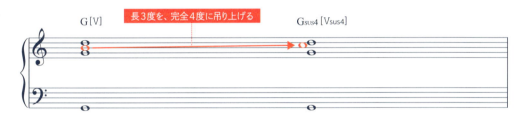

ドミナントとして用いる際は、これに7thを加えたテトラッドを使うことが多いでしょう。

7thコードの長3度が完全4度に変化した形ですね。

■ ドミナントバリエーション1「V7sus4→V7→I」

通常のドミナントモーションである「V7→I」の手前にV7sus4を追加した進行です。

ここで注目したいのが、V7sus4の4thはトニック音（ド）であるということです。

トニック音を先出しすることによって、終止先が明確にイメージできるため、V7→Iの解決がより強く期待されます。

ドミナントモーションを強調したい場所で使いましょう。

Palette-Pt3-01

■ ドミナントバリエーション２ 「Ⅴ7sus4→Ⅰ」

こちらは、Ⅴ7sus4からそのままⅠに接続するパターンです。

Ⅴ7sus4の中にはトライトーン（ⅦとⅣ）が含まれないため、「Ⅴ7→Ⅰ」や「Ⅴ7sus4→Ⅴ7→Ⅰ」という進行と比べて静的な終始になります。

Palette-Pt3-02

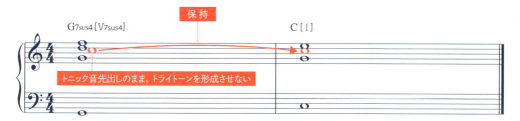

■ ドミナントバリエーション3 「Ⅳ／Ⅴ→Ⅰ」

Ⅳ／Ⅴという形をとることで、V7sus4 に 9th を追加し 5th を省略したコードが作れます。Ⅳ／Ⅴというのは、あくまで演奏や曲作りのときにパッと見て把握しやすくするための表記であり、その実態は、「V7sus4(9)omit5」となります。※

テンションである 9th を含んでいるので、V7sus4 よりもやや洗練された響きになります。

※ omit とは、省略という意味です。ここでは omit5 なので、5th を省略しているということになります。

また、Ⅳ／Ⅴの他にⅣ6／Ⅴもよく使われます。※

こちらは、V7sus4(9) の 5th を省略しない形になります。5th はルートの倍音として強く感じられる音ですから、省略してもしなくてもコード感自体はさして変わりません。サウンドに厚みを持たせたい場合に、音数の多いこちらを使用すると良いでしょう。

※ 一般的にはⅡm7／Ⅴとも表記されますが、構成音はⅣ6／Ⅴと同じです。後述のドミナントのオンコード化を理解しやすくするために、本書ではⅣ6／Ⅴと表記します。

Palette-Pt3-03

■ ドミナントバリエーション4 〜Ⅳ□/Ⅴ型ドミナント〜

　Ⅳ/Ⅴ以外にも、Ⅳ□/Ⅴという形をとることで、ドミナントに何らかのテンションが含まれたコードを作ることができます。

　そして、ドミナントには理論上ほぼ全てのテンションノート※が使用可能です。

　その理由は、ドミナントの持ち味にあります。

　ドミナントの持ち味は、なんといっても「不安定であること」です。

　テンションノートを入れることで、その不安定さをより強化することができるわけです。

　ただし、Ⅴにとってのmaj7thを入れると、「7th・maj7th・ルート」と半音の並びが2回連続して濁りすぎてしまうので、避けたほうが良いでしょう。

※テンション・ノートについてはPART5「曲作りの応用テクニック！その2.テンションコード一刀両断」で詳しくご説明します。

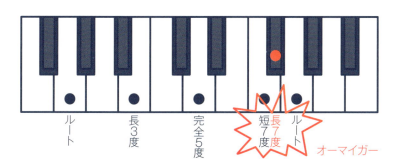

　でも、心配ご無用！

　Ⅳ○/Ⅴという形にした場合、Ⅳの部分がいかなるコードだとしても、Ⅴのmaj7thにあたる音が登場することはありません。

　したがって、Ⅳルートのコードなら、いずれを載せることもありえます。

　次のページに、Ⅳ□/Ⅴ型ドミナントの一覧をご用意いたしました。こんなにたくさんのバリエーションが生まれるんですよ。

Palette-Pt3-04

■ Ⅳ□/Ⅴ型ドミナント一覧

[Ⅳ□/Ⅴ型ドミナント一覧 —メジャーコード系—]
[Key=C]

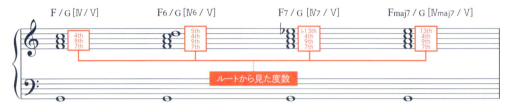

[Ⅳ□/Ⅴ型ドミナント一覧 —マイナーコード系—]
[Key=C]

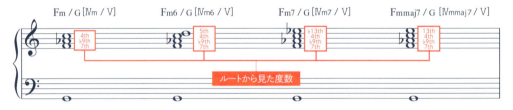

[IV□ / V型ドミナント一覧 —オーグメント系—]
[Key=C]

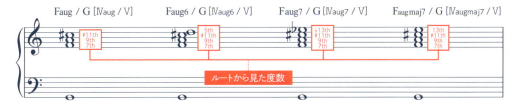

[IV□ / V型ドミナント一覧 —フラットフィフス系—]
[Key=C]

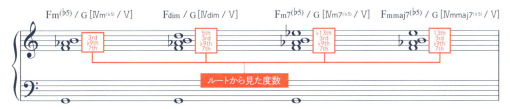

■ 実習〈ドミナントのバリエーション〉

〜 ベーシック課題 〜
(参考資料：Palette-Pt3-03/Recipe-Pt3-01)

1. V7を「V7sus4・V7」の形に分割しましょう。

2. V7をV7sus4に置き換えましょう。

3. V7を「IV / V・V7」の形に分割しましょう。

4. V7をIV / Vに置き換えましょう。

〜 アドバンス課題 〜
（参考資料：Palette-Pt3-03/Recipe-Pt3-01）

1. V7を「Ⅳ6 / V・V7」の形に分割しましょう。

2. V7をⅣ6 / Vに置き換えましょう。

3. V7を「Ⅳmaj7 / V・V7」の形に分割しましょう。

4. V7をⅣmaj7 / Vに置き換えましょう。

セカンダリードミナント

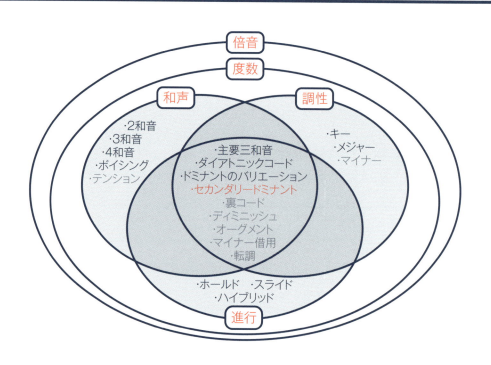

■ セカンダリードミナント

　セカンダリードミナントとは、Ⅰ以外のダイアトニックコードを仮のⅠと見立てて終止的に力強く接続する際の仮のドミナントのことです。

　これを用いることで、あらゆるダイアトニックコードに対してドミナントモーションを作ることができ、コード進行の選択肢がまさに爆発的に広がります。

　そしてなんと！　前述の「ドミナントのバリエーション」との合わせ技で、その可能性は倍率ドンです。

　非常に汎用性の高いテクニックなので、ぜひマスターしておきましょう！

■ セカンダリードミナントの条件

セカンダリードミナントとして使えるコードには条件があります。

○ ダイアトニックスケール上にルートがあること
○ 完全4度上のダイアトニックコードに接続すること

これらの条件を満たす7thコードが、セカンダリードミナントです。

　仕組みとしてはV7と同じで、ルートが次のルートへ完全4度上行、トライトーンが次のコードのルートと（長短）3度に接続するということです。
　これによって、「V7→I」と同様の強い解決感が生まれます。

　次のページに、セカンダリードミナントと解決先の一覧を記載しておきますので、実際に音を出してその接続の力強さを体感してみてください。

Palette-Pt3-05

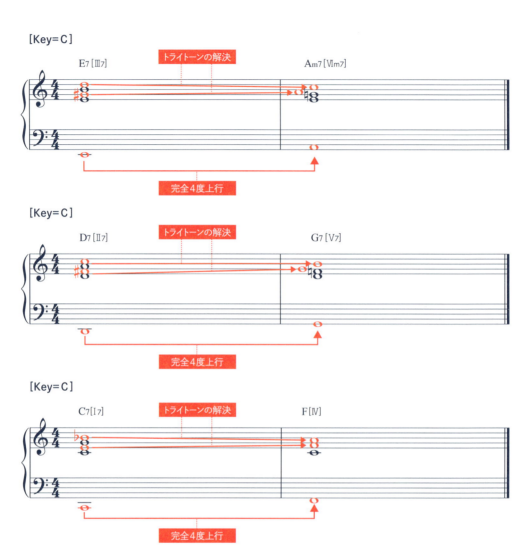

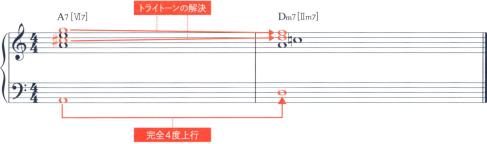

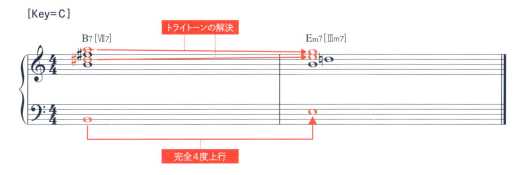

　II7をセカンダリードミナントとして使うことで、「II7→V7→」とドミナントが連続します（左図上から2番目）。

　このときのII7のことをダブルドミナント（英語）、あるいはドッペルドミナント（ドイツ語）と呼びます。

　「ドッペルドミナント」の方が厨二っぽくてカッコいいので、僕は好んでこちらを使います！

■ 同じルートのダイアトニックコードからの接続

それでは、セカンダリードミナントの実際の使い方について見ていきましょう。

セカンダリードミナントには、ダイアトニックスケール外の音が必ず含まれます。
しかし、あくまでルートはダイアトニックスケール上の音なので、キーから大きく逸脱する感じはしません。
「ダイアトニックコードだけの進行にもうひとヒネリ加えたい！」といったときに最適です。

例えば、以下のように、ダイアトニックコードから同じルートのセカンダリードミナントへと段階的に変化させると、とても自然な繋がりとなります。

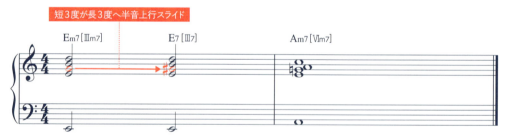

■ ダイアトニックコードからの置き換え

　そのほか、ダイアトニック進行の一部をセカンダリードミナントへ置き換えるという使い方もできます。

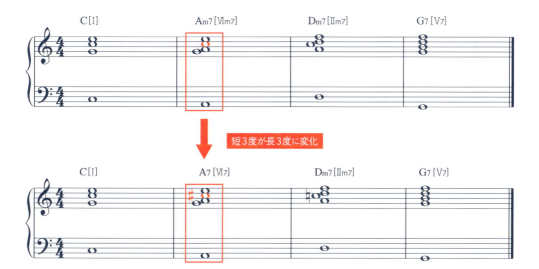

セカンダリードミナント

■ **解決先からの逆算で
　セカンダリードミナントを差し込む**

　セカンダリードミナントの使い方をいくつかご紹介しましたが、いずれの場合も気をつけたいことがあります。

　それは、セカンダリードミナントを使うときは、「解決先から逆算して考える」ということです。

　解決先のイメージを持たないまま入れようとすると迷走すること間違いナシなので、しかと心にとめておきましょう。

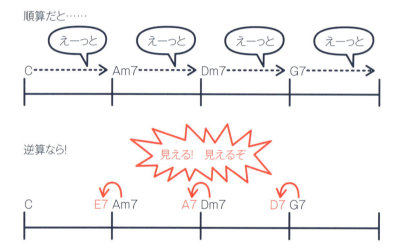

■ メロディーとぶつからないように注意！

　セカンダリードミナントを入れたときに、その構成音とメロディーが半音でぶつかるケースがあります。

　例えば、メロディーがルートのm3rdを鳴らしている場合は要注意！

　そこに、長3度を持つ「Ⅱ7・Ⅲ7・Ⅵ7・Ⅶ7」を入れると半音でぶつかって濁ってしまいます。

　メロディー側を短3度ではなく#9thというテンションと解釈することもできるので、絶対にナシじゃあないですが、いずれにせよかなりキワドイ響きがするので乱用は禁物です。※

※ #9について、詳しくはP169からのPART5「曲作りの応用テクニック！　その2.テンションコード一刀両断」で解説します。

[Key=C]

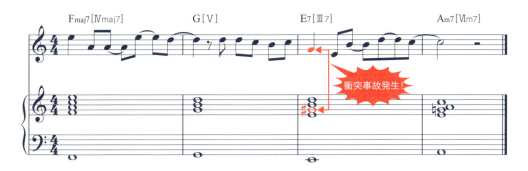

■ セカンダリードミナントの7sus4化

　セカンダリードミナントも、通常のドミナント同様7sus4化ができます。

　仕組みは全く同じなので、ドミナントのバリエーションについて理解していれば、そのまま適用できます。

　なお、sus4音はいずれの場合にもダイアトニックノートになります（セカンダリードミナントのsus4音が、解決先と同一になるので当たり前ですが）。

　したがって、この直後にノンダイアトニックの長3度を持つセカンダリー・ドミナント（Ⅰ7以外）へ進行すると、グラデーションがかかったような自然な流れでつながります。

Palette-Pt3-06

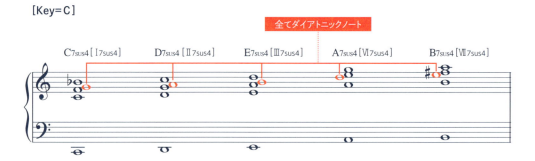

■ セカンダリードミナントのⅣ□/Ⅴ型化

　セカンダリードミナントも、Ⅳ□/Ⅴ型化することができます。

　こちらも仕組みは全く同じなので、ドミナントのバリエーションについて理解していれば、そのまま適用できます。

　もちろん、以下の例だけでなくⅣ□/Ⅴ型のコードであれば何でも使うことができます。

Palette-Pt3-07

E7のⅣ□/Ⅴ化バリエーション例
[Key=C]

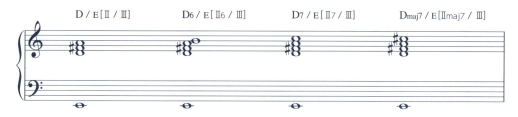

■ セカンダリードミナントのⅡ-Ⅴ化

　セカンダリードミナントも、通常のドミナント同様Ⅱ-Ⅴ化ができます。

　しかし、そこでワンポイントアドバイス！

　セカンダリードミナントの解決先がマイナー系コードの場合は、m7ではなくm7(♭5)を使うと解決が自然な響きになります。

　それは、m7(♭5)の♭5thが、解決先のマイナースケール上にある音だからです。

　自然な流れを作りたい場合はm7(♭5)、ハッとするような意外性を演出したい場合はm7を使うと良いでしょう。※

Palette-Pt3-08

※メジャー系コード（Ⅳ、Ⅴ7）に解決させる場合は、その逆です。

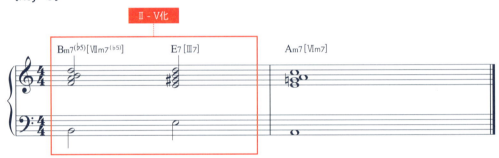

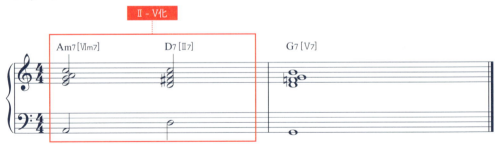

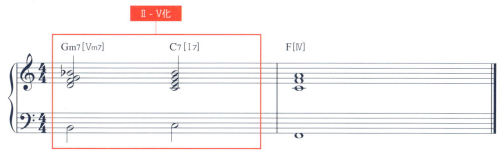

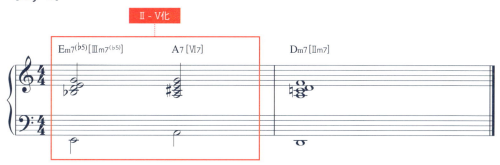
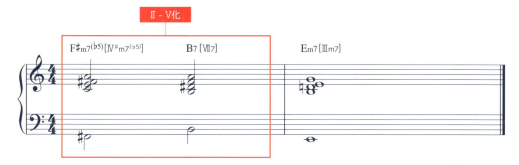

■ 実習〈セカンダリードミナント〉

〜 ベーシック課題 〜
（参考資料：Palette-Pt3-05、Palette-Pt3-08/Recipe-Pt3-02）

1. 以下のコード進行の指定箇所をセカンダリードミナントに置き換えましょう。
2. 置き換えたセカンダリードミナントをⅡ-Ⅴモーションに分割しましょう（2拍ずつに分割）。

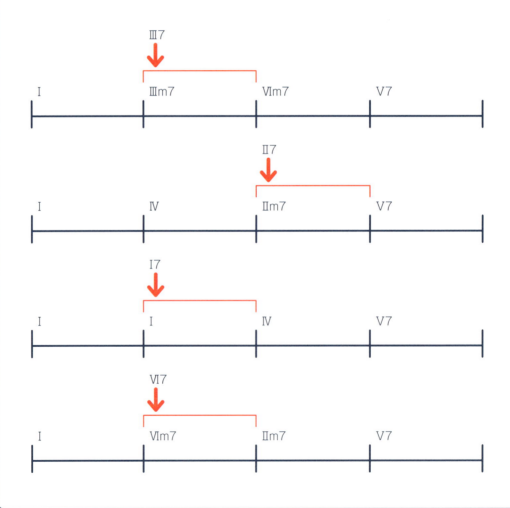

～ アドバンス課題 ～

(参考資料：Palette-Pt3-05、Palette-Pt3-08/Recipe-Pt3-03)

1. 以下のコード進行の指定箇所にセカンダリードミナントを差し込みましょう。
2. 差し込んだセカンダリードミナントをⅡ-Ⅴモーションに分割しましょう（1拍ずつに分割）。

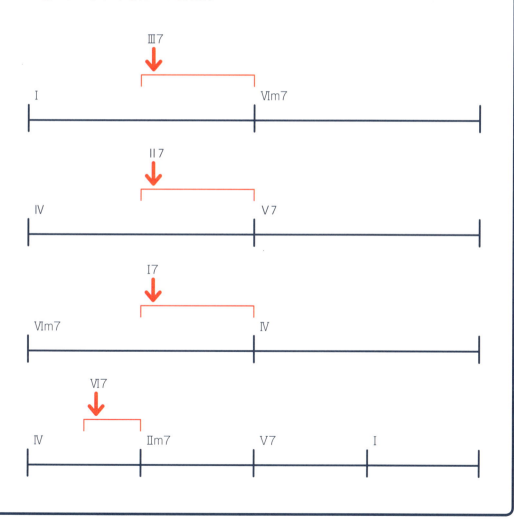

裏コード

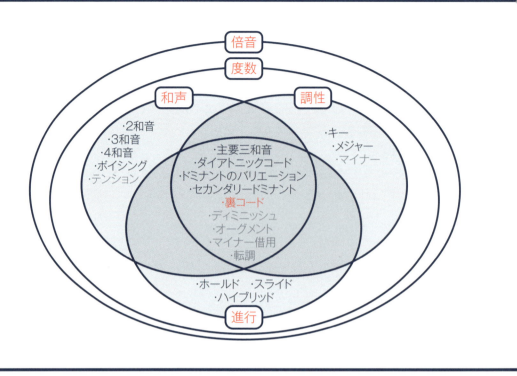

　裏コードです。
　「裏」というと、なんだかイケないニオイが漂ってきそうですが、別にイケないものではありません。

　あるドミナントの持つトライトーンと共通のトライトーンを持つ別のセブンスコードのことです。
　五度圏の円周のちょうど対角（裏）にあるキーのドミナントがこれにあたるので「裏」コードと言います。

　セカンダリードミナントを含むすべてのドミナントには裏コードがあり、この裏コードを活用することで調性が捻じ曲がったような不思議なニュアンスの進行が導き出せます。

■ 裏コード対応一覧表

　12音分すべての裏コード対応一覧表をご用意しました。下図をご覧ください。この図の中の線で結ばれたドミナント同士は裏コード関係であり、任意に置き換えが可能です。

Palette-Pt3-09

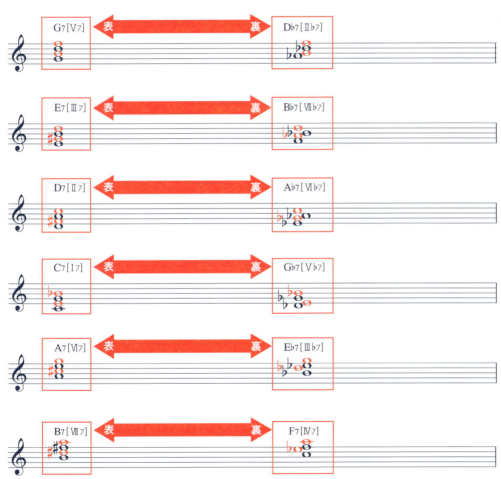

■ 裏コードへの置き換えの実際

　ドミナントモーションで解決するセブンスコードが裏コードに置き換えできます。

　特にⅡ-Ⅴ化された進行の場合は、ルートの動きが「Ⅱ→Ⅱ♭→Ⅰ」のように連続半音下行スライドになるので接続の説得力が高めになります。

　このアプローチは、セカンダリードミナントにも適用可能です。
　むしろ使用頻度的にはセカンダリードミナントを置き換える場面の方が多いかもしれないですね。

■ 実習〈裏コード〉

課題：以下のコード進行の指定箇所を裏コードに置き換えましょう。
（参考資料：Palette-Pt3-09）

| Ⅱm7 | V7 → Ⅱ♭7 | Ⅰ |

| Ⅶm7(♭5) | Ⅲ7 → Ⅶ♭7 | Ⅵm7 |

| Ⅵm7 | Ⅱ7 → Ⅵ♭7 | V7 |

| Vm7 | Ⅰ7 → V♭7 | Ⅳ |

| Ⅲm7(♭5) | Ⅵ7 → Ⅲ♭7 | Ⅱm7 |

ディミニッシュ

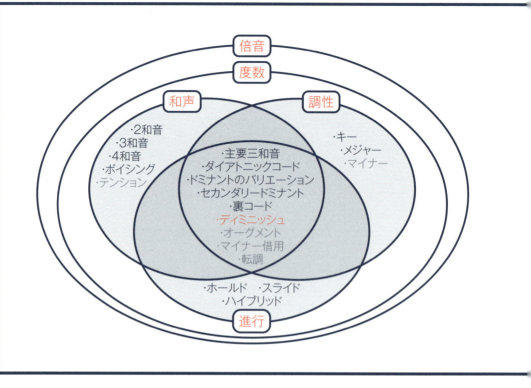

　ディミニッシュコード。
　その響きは、日本人であればきっと誰もが一度は耳にしたことがある響きのはずです。
　火曜サスペンス劇場のCMに入るときのアイキャッチ「ジャジャジャジャ！ ジャジャジャ！　ジャージャーン！」というあの緊張感バツグンなキメが実はディミニッシュコードなのです（最後のジャーンで半音上がる）。
　と、インパクトの強すぎる紹介をしましたが、あの手のサスペンシャルな演出に限らず、実はとても使えるコードなんです。

　このクセモノの見事な活用方法をお教えします。
　ただ不安定でオドロオドロしいだけじゃあないぜ！

■ ディミニッシュの構造

ディミニッシュコードというのは、m(♭5)コードに7thではなく6thの音を付加したものです。

2組のトライトーンを含むことになります。

また構成音の間隔がすべて短3度で並ぶことになりますので、音同士の優劣、主従関係がつきません。

あるディミニッシュコードの構成音、そのどれをルートにしても同じ構成音の転回形になります。

したがって、ディミニッシュコードは4音×3組のグループに分けることができます。

■ ドミナントの代理としての
　ディミニッシュコード

　なぜ、ディミニッシュの話がこの「ドミナントコード百花繚乱」のPARTに組み込まれているのか不思議に思った方もいらっしゃるかもしれません。遅ればせながら、その理由をご説明いたします。

　すべてのドミナントコードは長3度上のディミニッシュコードを代理コードとして使えるからです（m7(♭5)と同様）。

　それで、ここでのご紹介になっているわけです。

　下図をご覧ください。

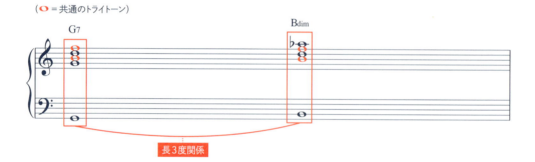

　ドミナントコードの長3度上のディミニッシュコードは、そのドミナントコードと共通のトライトーンを含んでいることがおわかりいただけると思います。

　ドミナントの機能のカギを握るトライトーンを含むコードですから、代理を務めるのにはウッテツケですね。

　ただし！　ドミナント側でいうところのルートの音が♯していますから、メロディーに元のドミナントのルート音（Ⅴ音）と同一の音が含まれる場合は、素直にドミナントのままにするか、ディミニッシュではなくm7(♭5)を使うようにしましょう。

　各ドミナントコードとディミニッシュコードの相応関係を一覧表にしたものが右図です。

Palette-Pt3-10

[Key=C]
(○＝共通のトライトーン)

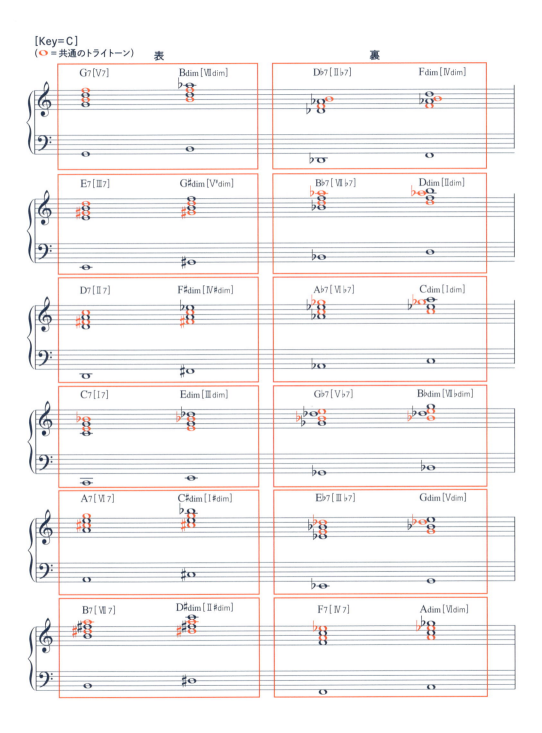

PART3　曲作りの応用テクニック！　その1．ドミナントコード百花繚乱

■ パッシングディミニッシュ

あるコードから、半音上の音をルートに持つディミニッシュコードを経由し、さらに半音上のダイアトニックコードに接続するときのディミニッシュコードをパッシングディミニッシュと言います。

ルートの半音スライド接続以外に、どんな力学が働いてこの進行が成立しているのかをご説明いたします。

まず前の見開きでお伝えした「ドミナントコードのルートの長3度上の音をルートに持つディミニッシュコードは、そのドミナントコードの代理として機能する」という原則を思い出してください。

ということは、逆を言えばディミニッシュコードは、そもそもは長3度下のドミナントの代理コードだという解釈ができます。

この考えを上記の進行に適用してみましょう。

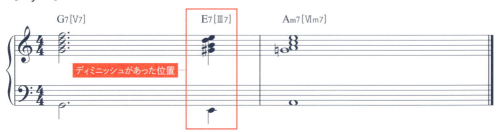

ディミニッシュのあった位置で、長3度下のセブンスコードが次のコードへのセカンダリードミナントとして機能しています。
　セカンダリードミナントの代理としてディミニッシュを用いると、こういった役回りをさせることが可能になるわけです。

　このパッシングディミニッシュでダイアトニックコードを繋ぐ進行は4パターン考えられます。

Palette-Pt3-11

　そして、パッシングディミニッシュと呼べるのは上行の場合のみです。
　ディミニッシュを挟んで下行する進行もあるにはありますが、このセカンダリーの代理としての効果を持つのは上行の場合だけです。本来的には、この半音上行で繋ぐパターンのみをパッシングディミニッシュと呼びます。

オーグメント

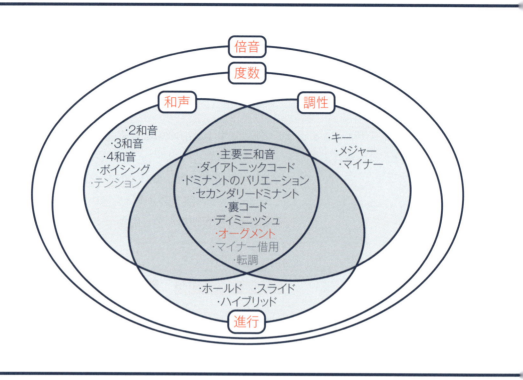

　ディミニッシュに続き、またしてもモヤーンとするコードが登場です。

　これも使いどころが難しいコードですが、意図を持ってしっかり使ってあげれば、そこはかとない滲みと濁りを楽曲に加えてくれます。

　わりと大人のコードですね！（笑）。

■ オーグメントの構造

オーグメントというのは「増」という意味です。

メジャーコードの完全5度の音が半音♯して増5度になっていますね。これがオーグメント（＝増）の名前の由来です。

そして、すべての音の間隔が長3度になっています。

このことによって、ディミニッシュと同じく音同士の優劣、主従関係が付きませんので、なんとも煮え切らない響きです。

そして、これもディミニッシュと同じく、あるオーグメントの構成音、そのどれをルートにしても同じ構成音の転回形になります。

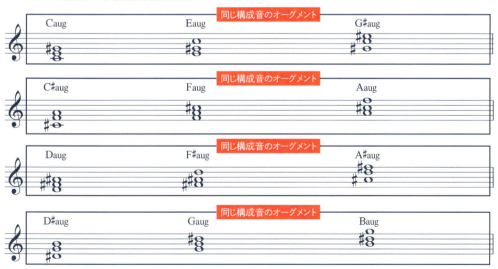

オーグメント

■ オーグメントの使いどころ

オーグメントも、ドミナントコードの代理として機能します。下図をご覧ください。

マイナーコードに解決するセカンダリードミナントの代理として同じルートのオーグメントを使用
[Key=C]　※スペースの都合上、ルート(ヘ音記号段)を省略しています

このように、マイナーコードに解決するセカンダリードミナントコードの代理として機能します。

元のドミナントコードのルート音と長3度音を含むオーグメントを使います。

Palette-Pt3-12

この位置関係にあるオーグメントからマイナーコードへ進行する場合、双方の(トライアド部分の)構成音の3分の2が共通音になりますので、極めて滑らか……というかむしろヌルッとした結びつ

きになります。

　しかも、オーグメントはドミナントの最大の特色であるトライトーンを含みませんので、その解決のカタルシスもありません。

　モヤッとしたコードでカタルシスもなくヌルッと結びつく。そんな物憂げな……大人のコードですね！！（笑）。

　余談ですが、このドミナントの代理としての用法以外に、オーグメントが頻出する常套句的な進行があります（クリシェと言います）。

[Key=C]

この1音のみが半音ずつ上行していく

C[I]　Caug[Iaug]　C6[I6]　C7[I7]

　この進行の場合は、この4つのコードの並びでひとカタマリというか、それぞれのコードネームよりも「保続しつづける音があって、一部だけが半音で順次上行していく」という構造の方が大切です。

　はい、2つめのコードがオーグメントになっているのは結果論だと思います。

オーグメント

■ 実習〈ディミニッシュ〉

課題：以下のコード進行の指定箇所をディミニッシュコードに置き換えましょう。

（参考資料：Palette-Pt3-10）

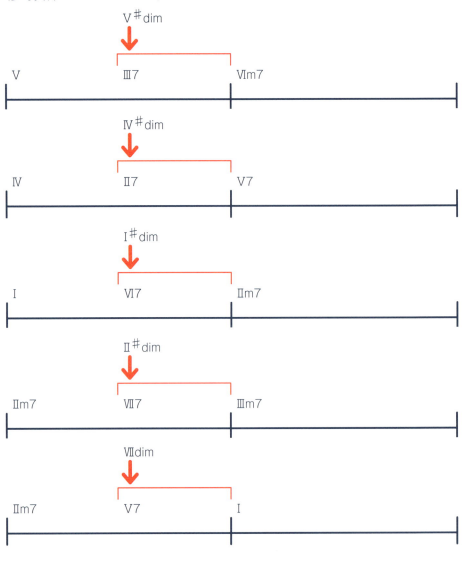

■ 実習〈オーグメント〉

課題：以下のコード進行の指定箇所をオーグメントコードに置き換えましょう。
（参考資料：Palette-Pt3-12）

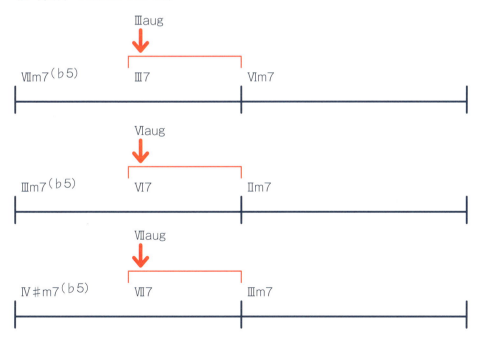

column

■ コード理論学習者に独断と偏見で贈るオススメのアーティスト
その1「The Beatles」

ポップスのコード理論を学習する人にとって避けて通れない最重要アーティストがビートルズです。

ビートルズがポップスの世界に残した功績は、あらゆる分野に及びますが、コードのアプローチについてもその例外ではありません。

それまでの時代の「ビートの効いたポップス」、すなわちロックンロールやフォークというのはシンプルなスリーコードに毛が生えた程度のコードワークでした（ビートルズの初期の楽曲もそういったコードワークが中心ですね）。

そこに革命をもたらしたのがビートルズです。

中期あたりからのビートルズの楽曲には、それまでの時代では考えられなかったような斬新なアプローチがバンバン登場し始めます。

ジョンとポールの発想の違いも興味深いです。

ジョンはどちらかというとアイディアー発、思いきりのいい型破りなコードを力技でブッ込んでいる印象です。

かたやポールはジャズ、クラシック、ボードビルなどの異ジャンルのサウンドへの深い造詣を背景に、それまでのロックンロールバンドは用いなかった絶妙な音使いを取り入れている印象です。

ビートルズの作曲技法の革命を本質的に理解するにはビートルズだけを聴くのではなく「その前後でポップスの基準がどう変わったのか」に着目すると良いでしょう。

（石田ごうき）

PART 4

曲作りの裏世界!?
マイナーキー補完

マイナーキー・マイナースケール

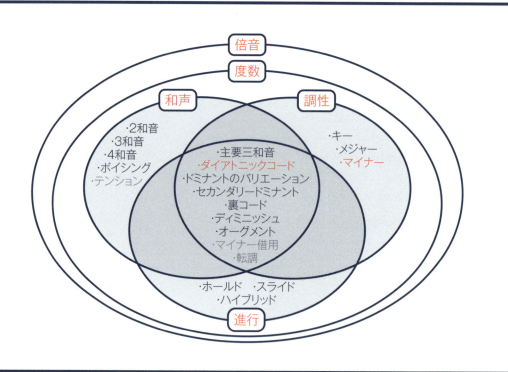

　マイナーキーの元となるマイナースケールは、
ドレミファソラシド＝全全半全全全半
　を、ラから並べ直したもの（ラシドレミファソラ＝全半全全半全全）を基本としています。

　メジャースケールと比べて、いわゆる「暗い印象」のスケールを元にしていますから、同じ音を主音とするメジャーキーに対して暗い印象のキーと捉えることができます。

　このマイナースケール、マイナーキーが持つ特質を、その発展の歴史の仮説も交えながらわかりやすく解説することで、ばっちり使いこなせるようになっていただこうと思います。

■ ナチュラルマイナースケールとエオリアンスケール

　左ページでお伝えした通り、マイナーキーの基本となるスケールは、ナチュラルマイナーと呼ばれるスケールです。

[Cナチュラルマイナースケール]

　このマイナースケールは、チャーチモードと言われる旋法で解釈するとイオニアンスケール（＝メジャースケール）を6番目の音から並べ替えたエオリアンスケールというスケールと完全に一致します。
　音楽理論の発展の歴史から考えて、エオリアンスケールの成立がマイナーの始まりと言って間違いないでしょう。
　しかし、このスケールを元に作られる和音だと、実は和声法的には不都合があったのです。現代のコード理論を通して見るとよくわかります。

[Key=Cm]

　ご覧の通りトニック（Ⅰm）から見て、Ⅴにあたる和音がⅤ7になりません（Ⅴmになります）。これではドミナント（Ⅴ7）が持つ主音、トニックを特定する力が働きませんので、主音での和声的な解決感を明確に押し出すことができないわけです。
　そこで、次ページのハーモニックマイナースケールに発展していくことになります。

■ ハーモニックマイナースケールとⅤ7の成立

　ハーモニックマイナースケール＝和声的短音階は、その名の通り、ナチュラルマイナースケール（エオリアンスケール）が抱える和声的な弱さを補強したスケールです。

[Key=Cm]

　ⅤをルートとするコードをⅤ7化するために、Ⅶ♭をトニックへの導音（Ⅶ）へと♯しています。

　これによって、マイナーキーを成立させる「主要中の主要二和音」とでも言うべきトニック（Ⅰm）とドミナント（Ⅴ7）が揃いました。

　これまた推測ですが、おそらくマイナーキーの成立の原初の形はこの2つの和音での解釈だったと思われます。

　では次は、サブドミナントマイナー（Ⅳm）なのか、というと……実は違うのではないか？　というのが右ページの主要五和音仮説です。

■ 主要五和音仮説・Ⅶ♭ Ⅲ♭ Ⅵ♭の平行長調からの借用等

　次にマイナーキーにもたらされた和声的補強はⅣmの追加ではなく、平行長調（短3度上のメジャースケール＝イオニアンスケール）の主要三和音の借用ではないかと考えられます。

　マイナーキーでいうところのⅦ♭、Ⅲ♭、Ⅵ♭の登場です。

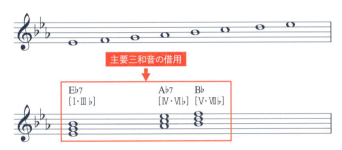

　これが、左ページでお伝えしたハーモニックマイナー（Ⅴ7の登場）より後であると考えるのは、マイナーキーにとってのドミナント（Ⅴ7）がない状態でこのコード群を乱用してしまうと、単3度上のメジャーキーの色味が強くなってしまうからです。つまり、マイナーキーらしくⅠmに解決できない「明るい泥沼」が発生しちゃう、ということ（笑）。

　ためしにⅤ7を使わずにⅠm、Ⅶ♭、Ⅲ♭、Ⅵ♭だけでコード進行を作ろうとしてみてください。Ⅲ♭がⅠ化してしまって、戻って来にくく感じると思います。

　この本では、Ⅰm、Ⅴ7、Ⅶ♭、Ⅲ♭、Ⅵ♭を合わせて「マイナーキーの主要五和音」と捉える仮説を提唱いたします。

　その仮説に基づき、ドミナントでないⅤmはⅦ♭の代理、ⅣmはⅥ♭の代理、Ⅱm7(♭5)はⅤ7をⅡ-Ⅴ化するための名脇役と見なすのが、マイナーキーをもっとも機能的に扱える解釈だと考えます。

Palette-Pt4-01

マイナーキー・マイナースケール

■ Ⅰm

　ここからは、この主要五和音とⅤm（Ⅶ♭の代理）、Ⅳm（Ⅵ♭の代理）、そしてⅡm7（♭5）のそれぞれの特徴と用法について、マイナーキー発展の歴史（独自仮説）の順にご説明していきます。

　ⅠmはメジャーキーのⅠと同様、トニックとしての機能を持ちます。
　ですから、マイナーキーの終止はこのⅠmに解決することを基本とします。
　Ⅰmと接続しやすいコード、その接続の滑らかさはPART2のノートコネクションでご紹介した接続の基本原則に従い下図の通りになります。

Ⅰm	前（○→Ⅰm）	後（Ⅰm→○）
長3度上行	Ⅵ♭	―
完全4度下行	Ⅳm	V7、Ⅴm
短3度下行	Ⅲ♭	―
半音下行	―	―
半音上行	―	―
全音下行	×Ⅱm7(♭5)	Ⅶ♭
全音上行	Ⅶ♭	Ⅱm7(♭5)
完全4度上行	V7、Ⅴm	Ⅳm
短3度上行	―	Ⅲ♭
長3度下行	―	Ⅵ♭
増4度上下	―	―

×Ⅱm7(♭5)は
V7、Ⅴm、Ⅲ♭にのみ
接続するため
Ⅰmの手前には来ない

　この接続のしやすさを意識することで、マイナーキーの各コード同士を上手に繋げられるでしょう。

　ちなみに、V7からⅠmへのドミナントモーションはトライトーンの解決によってトニックを強烈に指定しますので別格と言えます。

■ V7

V7	前(○→V7)	後(V7→○)
長3度上行	Ⅲ♭	—
完全4度下行	Ⅰm	—
短3度下行	Ⅶ♭	—
同一ルート	Ⅴm	—
半音下行	Ⅵ♭	—
半音上行	—	Ⅵ♭
全音下行	—	—
全音上行	Ⅳm	—
完全4度上行	Ⅱm7(♭5)	Ⅰm
短3度上行	—	—
長3度下行	—	—
増4度上下	—	—

V7はドミナントとして機能するためⅠmもしくはその代理のⅥ♭のみに接続する

　V7はどう転んできても緊張感の高いドミナントですから、比較的どのコードの後にも持ってきやすいコードだと言えます。

　その逆に、出口側には注意してください。
　V7はⅠmに解決することが基本になります。まさにこちらこそ「ドミナントですから」という理屈です。
　ただし、平行長調からの借用であるⅥ♭をⅠmの代理と見立てて終止を保留する進行も実際にはよく見られる進行です。
　それ以外に向かって行く進行もダメなわけではないですが、ドミナントの役割を考えると、あまり機能的な進行とは言えません。

　ちなみに、このV7の代理としてⅦdimが使用可能であることは言うまでもありません。

※次ページ以降の接続の滑らかさの根拠も、すべてPART2のノートコネクションでご紹介した接続の基本原則に従います。

■ Ⅶ♭

平行長調のⅤ（ドミナント）を借用したⅦ♭です。

Ⅶ♭	前（○→Ⅶ♭）	後（Ⅶ♭→○）
長3度上行	—	Ⅱm7(♭5)
完全4度下行	Ⅲ♭	Ⅳm
短3度下行	—	Ⅴ7、Ⅴm
半音下行	—	Ⅵm
半音上行	Ⅵm	—
全音下行	Ⅰm	Ⅵ♭
全音上行	Ⅵ♭	Ⅰm
完全4度上行	Ⅳm	Ⅲ♭
短3度上行	Ⅴm	—
長3度下行	× Ⅱm7(♭5)	—
増4度上下	—	—

× Ⅱm7(♭5)は
Ⅴ7、Ⅴm、Ⅲ♭にのみ
接続するため
Ⅶ♭の手前には
来ない

　実はⅦ♭からⅢ♭に繋ぎさえしなければ、ⅠmとⅦ♭の往復でもマイナーっぽく聴かせることもできます（エオリアン的な進行……扱いが難しい割にそんなに使わないのでこの本では割愛！）。

■ Ⅲ♭

平行長調のⅠ（トニック）を借用したⅢ♭です。

Ⅲ♭	前（○→Ⅲ♭）	後（Ⅲ♭→○）
長3度上行	—	Ⅴ7、Ⅴm
完全4度下行	Ⅵ♭	Ⅶ♭
短3度下行	—	Ⅰm
半音下行	—	Ⅱm7(♭5)
半音上行	Ⅱm7(♭5)	—
全音下行	Ⅳm	—
全音上行	—	Ⅳm
完全4度上行	Ⅶ♭	Ⅵ♭
短3度上行	Ⅰm	—
長3度下行	Ⅴm	—
増4度上下	—	—

ⅠmとⅤmからの接続は
比較的使いやすい

　Ⅰmの代理的に機能するとも言えます。

■ Ⅵ♭

平行長調のⅣ(サブドミナント)を借用したⅥ♭です。

Ⅵ♭	前(○→Ⅵ♭)	後(Ⅵ♭→○)
長3度上行	—	Ⅰm
完全4度下行	—	Ⅲ♭
短3度下行	—	Ⅳm
半音下行	—	V7、Vm
半音上行	V7、Vm	—
全音下行	Ⅶ♭	—
全音上行	—	Ⅶ♭
完全4度上行	Ⅲ♭	—
短3度上行	Ⅳm	—
長3度下行	Ⅰm	—
増4度上下	×Ⅱm7(♭5)	Ⅱm7(♭5)

×Ⅱm7(♭5)は
V7、Vm、Ⅲ♭にのみ
接続するため
Ⅵ♭の手前には
来ない

Ⅲ♭と同様に、Ⅰmの代理的にも使えます。

■ Ⅴm

Ⅶ♭の代理コードとしてのⅤmです。

Ⅴm	前(○→Ⅴm)	後(Ⅴm→○)
長3度上行	Ⅲ♭	—
完全4度下行	Ⅰm	Ⅱm7(♭5)
短3度下行	Ⅶ♭	—
同一ルート	—	Ⅴ7
半音下行	Ⅵ♭	—
半音上行	—	Ⅵ♭
全音下行	—	Ⅳm
全音上行	Ⅳm	—
完全4度上行	Ⅱm7(♭5)	Ⅰm
短3度上行	—	Ⅶ♭
長3度下行	—	Ⅲ♭
増4度上下		

Ⅶ♭とⅢ♭への接続は比較的使いやすい

Ⅰmへの接続はもちろんありますが、トライトーンを含まないためドミナントモーションとしては機能しません。

■ Ⅳm

Ⅵ♭の代理コードとしてのⅣmです。

Ⅳm	前(○→Ⅳm)	後(Ⅳm→○)
長3度上行	—	—
完全4度下行	Ⅶ♭	Ⅰm
短3度下行	Ⅵ♭	Ⅱm7(♭5)
半音下行	—	—
半音上行	—	—
全音下行	Ⅴm	Ⅲ♭
全音上行	Ⅲ♭	Ⅴ7、Ⅴm
完全4度上行	Ⅰm	Ⅶ♭
短3度上行	×Ⅱm7(♭5)	Ⅵ♭
長3度下行	—	—
増4度上下	—	—

×Ⅱm7(♭5)は
Ⅴ7、Ⅴm、Ⅲ♭にのみ
接続するため
Ⅳmの手前には
来ない

これは当然ながらⅥ♭と違い、Ⅰmの代理としては機能しません。

■ Ⅱm7(♭5)

最後にⅤ7をⅡ-Ⅴ化する名脇役、立役者としてのⅡm7(♭5)です。

Ⅱm7(♭5)	前(○→Ⅱm7(♭5))	後(Ⅱm7(♭5)→○)
長3度上行	Ⅶ♭	―
完全4度下行	Ⅴm	Ⅴ7、Ⅴm
短3度下行	Ⅳm	―
半音下行	Ⅲ♭	―
半音上行	―	―
全音下行	―	―
全音上行	Ⅰm	―
完全4度上行	―	―
短3度上行	―	Ⅲ♭
長3度下行	―	―
増4度上下	Ⅵ♭	―

Ⅱm7(♭5)は
Ⅴ7、Ⅴm、Ⅲ♭にのみ
接続する

ドミナントモーションの発展として使用しますので、Ⅴ7のときと同様に、比較的どのコードからも接続が可能です（増4度上行・下行になるⅥ♭からの接続のみやや機能性が弱くなります）。

ただし、出口の指定はもっとも厳しく、Ⅱ-Ⅴ化の名脇役、立役者としてⅤ7に向かうことのみが正統派と言えるでしょう。

Ⅲ♭とかⅤmとか他に繋いでもいいけど……いや！　ダメです。
ダメじゃあないけど、僕はきっとガッカリします（笑）。※

※いや、ホントにダメじゃあないんですけどね。

この進行は20世紀に入りジャズが発展してからよく使われるようになった進行なんじゃあないかな？　と推測しています。

■ 実習〈マイナーキー〉

〜 ベーシック課題 〜

以下のコード進行の指定箇所を別のコードに置き換えましょう。

（参考資料：Palette-Pt4-01）

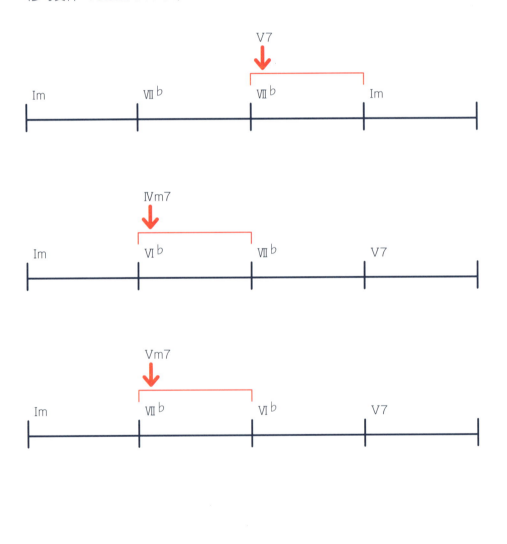

～ **アドバンス課題** ～

　以下のコード進行の空欄に自由にコードを入れてコード進行を完成させましょう。
(参考資料：Palette-Pt4-01/Recipe-Pt4-01)

・スライド・ホールド・ハイブリッドすべてを使用すること

・ハイブリッド中心に使用すること

column

■ コード理論学習者に独断と偏見で贈るオススメのアーティスト
その2「Carpenters」

　ビートルズに続いてご紹介したいのは、カーペンターズです。

　カーペンターズで作編曲を担当していたお兄ちゃんの方、リチャード・カーペンターは、10代の頃から教会のオルガン奏者をしたり、年齢を偽ってクラブバンドのプレイヤーとして演奏したり（当時16歳）、音楽家としての豊かな経験を積んだエリートです。

　そのコードワークがどんなものかというと、これはもうコード理論のお手本中のお手本とも言うべき極めて機能的な進行で感服させられます。

　しかも、そのコードワークのアプローチのひとつひとつが「テクニックを使うためのテクニック」になっていないところが素晴らしいです。

　明確な意図を持って組み立てられた、極めて必然性の高いコードワークと言えます。

　積み上げられた音の美しいグラデーションやコントラストが見事に楽曲の感情表現を担っているのです。

　そして、そのコードワークが織り成す感情の変遷をしっかりと受け止めている歌詞の世界までぜひ目を向けていただけたなら、詞曲あわせての高い完成度を実感できることでしょう。

　どうでもいいですけど、「ビートルズ＝カブト虫」「カーペンターズ＝大工」とか……洋楽の偉大なアーティストのグループ名って抜群にダサいですね（笑）。　　（石田ごうき）

PART **5**

曲作りの応用テクニック！
その2.テンションコード一刀両断

テンション

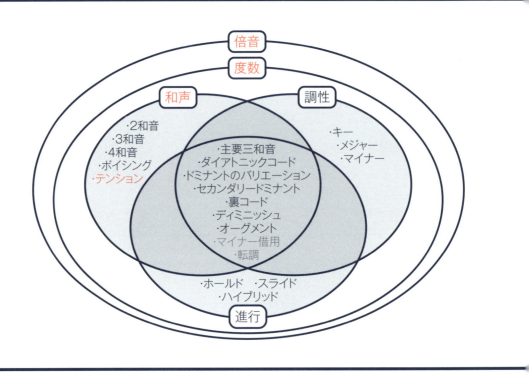

　ルートの9度より上の音がテンションノートです（トライアドやテトラッドの外の音）。

　テンションノートを含むコードのことをテンションコードと呼びます。

　この「テンション」とは「緊張感」のこと、「ピーン！」と張った感じのことですね。

　テンションを加えることで、コード（和声）に緊張感が生まれます。

　「うぇ～い！」というパリピな「テンション」のことではないのでご注意ください。

■ テンション一覧

一般的にテンションと呼ばれるものは以下の7種類です。

	9th	11th	13th
♯	○	○	×
♮	○	○	○
♭	○	×	○

○ 9thは「♭・♮(記号ナシ)・♯」の3種類
○ 11thは「♮(記号ナシ)・♯」の2種類
○ 13thは「♭・♮(記号ナシ)」の2種類
　となっています。

　一般的には、これらをナチュラルテンション(=記号の付かないテンション)とオルタードテンション(=♭か♯が付くテンション)に分けて把握することが多いのですが、この本では作曲家がより実用しやすいように独自定義で解説していきます。

Palette-Pt5-01

テ
ン
シ
ョ
ン

■ この本で独自に定義する
　テンションのグループ分け

　この本では、「ナチュラルテンション・オルタードテンション」という分け方ではなく、「ダイアトニックテンション／ノンダイアトニックテンション」という分け方でテンションについてご説明していきます。

　下の図をご覧ください。

	ダイアトニックテンション			ノンダイアトニックテンション		
	9	11	13	9	11	13
C	D(=9)	F(=11)	A(=13)	D♯(=♯9) D♭(=♭9)	F♯(=♯11)	A♭(=♭13)
D	F(=♯9) E(=9)	G(=11)	B(=13)	E♭(=♭9)	G♯(=♯11)	B♭(=♭13)
E	G(=♯9) F(=♭9)	A(=11)	C(=♭13)	F♯(=9)	A♯(=♯11)	C♯(=13)
F	G(=9)	B(=♯11)	D(=13)	G♯(=♯9) G♭(=♭9)	B♭(=11)	D♭(=♭13)
G	A(=9)	C(=11)	E(=13)	A♯(=♯9) A♭(=♭9)	C♯(=♯11)	E♭(=♭13)
A	C(=♯9) B(=9)	D(=11)	F(=♭13)	B♭(=♭9)	D♯(=♯11)	F♯(=13)
B	D(=♯9) C(=♭9)	E(=11) F(=♯11)	G(=♭13)	C♯(=9)	×	G♯(=13)

　これは、Cメジャーキーのダイアトニックテンションとノンダイアトニックテンションを分けたものです。

　Cメジャーキーで言うところの、白鍵の音ならダイアトニックテンション、黒鍵ならばノンダイアトニックテンションです（わかりやす〜い！）。

　抽象化して言うならば、ダイアトニックスケール上の音を使えば、それがコードから見て何度の音であってもダイアトニックテンション、ダイアトニックスケール上にない音を使えば、それがコードか

ら見て何度の音であってもノンダイアトニックテンションです。

　すなわち、ダイアトニックテンションになる音は「ド・レ・ミ・ファ・ソ・ラ・シ」の7種類です。
　これらの音は、スケール上の音ですので比較的自由に使えます。
　この本では、まず扱いやすいダイアトニックテンションをご説明します。

　そして、ノンダイアトニックテンションはそれ以外の5種類……と言いたいところですが、実は違います。
　たとえば、「ソ#・ラ♭」のような異名同音と呼ばれる音を、ちゃんと別の音として認識してあげる必要があります。
　というのも、(後述しますが) #でその音になっているのか、♭でその音になっているのかによって、その音のその後に取るべき挙動が変わってくるからです (詳しくは後ほど)。

　これらダイアトニックテンションとノンダイアトニックテンションの持つ特性を理解し、それらが各コードの中でどのように機能するのか、ひとつひとつご説明いたします。

　おっと！　もちろんそのテンションの用法をひとつひとつ暗記する必要はございません。

　使いながらいつのまにか体得していただける仕組みになっているのでご安心ください。

　しかし……そんないきなりテンションもりもりで曲を書けるようになる必要もないですから、ときどきこの本やダウンロード資料(パレット&レシピ)をご参照になりながら、すこーしずつ引き出しを増やしていけば良いと思いますよ。

ダイアトニックテンション

■ ダイアトニックテンション

では、いよいよ、テンションノート、テンションコードの入門ステップ！　ダイアトニックテンションについてご説明していきましょう。

Cキーを例に、ダイアトニックテンションになる音のみを一覧にしたものがコチラです。

Palette-Pt5-02

C D E F G A B

繰り返しになりますが、白鍵のみです。

テンションかどうか以前に、実はこれらの音は上下どちらかの隣接音に向かいたがる性質があります。

「シ」のみ上行

おわかりになりますか？

シ以外の音は、すべて短2度、あるいは長2度下のスケール上の音に向かうことで落ち着きます（下行スライド）。

この性質を活かして、テンションリゾルブ（テンションノートの解決）という処理をし、テンションの緊張感を落ち着かせることができます。

（テンションが向かう隣接音は必ずコードトーンになります）

■ Ⅰmaj7にとってのダイアトニックテンション

まずはトニック、Ⅰにとってのテンションは以下のようになります。

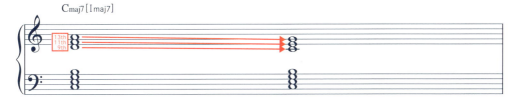

ナチュラル9thであるレの音は、ドに向かうことでテンションリゾルブ（解決）します。

ただし、ダイアトニックテンションのナチュラル9thは解決しなくても馴染みやすい音なので、解決しないまま押し切っても構いません。

ナチュラル11thであるファの音は、ミに向かうことでテンションリゾルブ（解決）します。

解決しないままにするのもナシではないかもしれませんが……うーん、僕的にはかなり気持ち悪いですね（笑）。

やはりトニックを特徴づける長3度の音は見せておくのが正統派と言えるでしょう。

ナチュラル13thであるラの音は、ソに向かうことでテンションリゾルブ（解決）します。

これも、解決しないまま押し切りやすい音と言えます。トニックの代理であるⅥm7の転回系に近いですからね。

しかし、きちんと終止させたい箇所では解決させた方がいいでしょう。なんか煮え切らない……もやっとした着地になってしまいます（もやっとさせたい人はいいですけどね）。

ダイアトニックテンション

■ V7にとってのダイアトニックテンション

ディグリー順にひとつ上のⅡm7にはいかず、「重要度順」ということでドミナントであるV7にいきます。

V7にとってのテンションは以下のようになります。

[Key=C]

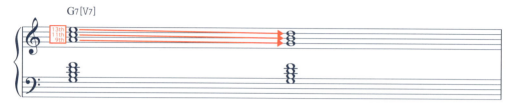

ナチュラル9thであるラの音は、ソに向かうことでテンションリゾルブ（解決）します。

先ほどご説明した通り、ダイアトニックテンションのナチュラル9thは解決しなくても馴染みやすい音なので、やはりこちらでも解決しないまま押し切ることが可能です。

ナチュラル11thであるドの音は、シに向かうことでテンションリゾルブ（解決）します……っていうかsus4のドがシに向かうのと同じですね。

接続先がトニックならば、ドミナントの弱体化のsus4押し切りと同じく、リゾルブしないまま押し切るのもアリです。

ナチュラル13thであるミの音は、レに向かうことでテンションリゾルブ（解決）します。これも押し切れます。

そう、ドミナントV7のダイアトニックテンションはすべて押し切れるのです。

■ IVmaj7にとってのダイアトニックテンション

続いて主要三和音のラスト、サブドミナントのIVmaj7です。
IVmaj7にとってのテンションは以下のようになります。

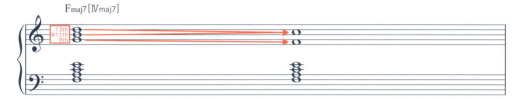

ナチュラル9thであるソの音は、ファに向かうことでテンションリゾルブ（解決）します。
これもダイアトニックテンションのナチュラル9thですから、押し切れます。

#11thのシの音は（これだけリゾルブ方向が違いましたね）、半音上のドに向かうことでテンションリゾルブ（解決）します。
これは基本的には押し切らない方がいいです。かなり気持ち悪くなります。きちんとドに解決してあげましょう。

ナチュラル13thのレの音は、ドに向かうことでテンションリゾルブ（解決）します。これも押し切れる系です。IIm7の転回形と近いですからね。

サブドミナントは#11th以外は使いっ放しの押し切りが可能です。

■ Ⅵm7にとってのダイアトニックテンション

代理コード系にいきましょう！
トニックⅠmaj7の代理コード、Ⅵm7です。

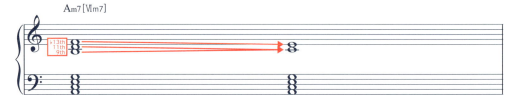

ナチュラル9thであるシの音は、ドに向かうことでテンションリゾルブ（解決）します。

例によって、ダイアトニックテンションのナチュラル9thは解決しなくてもOK！

ナチュラル11thであるレの音は、ドに向かうことでテンションリゾルブ（解決）します。

♭13thであるファの音は、ミに向かうことでテンションリゾルブ（解決）します。

やはりトニックのときと同じく、解決しないままにするのはオススメできません。……っていうか、Fmaj7の転回形になっちゃうし！意味変わってしまいます。

トニックの代理だよ〜ってのを示すためにも、ここはなにとぞミに行ってください。

■ Ⅱm7にとってのダイアトニックテンション

代理コードその2！ は、サブドミナントのⅣmaj7代理であるⅡm7です。

[Key=C]

Dm7[Ⅱm7]

ナチュラル9thであるミの音は、レに向かうことでテンションリゾルブ（解決）します。

ダイアトニックテンションのナチュラル9thは解決しなくてもOK！（どんどんこの説明簡略化しています。笑）。

ナチュラル11thであるソの音は、ファに向かうことでテンションリゾルブ（解決）します。

ナチュラル13thであるシの音は、ドに向かうことでテンションリゾルブします。これもわりとそのまま押し切れる音です。

ダイアトニックテンションのナチュラル13thも、どれもが押し切りOKと言えます。

■ Ⅲm7にとってのダイアトニックテンション

トニックの Ⅰmaj7 代理、Ⅲm7 です。

[Key=C]

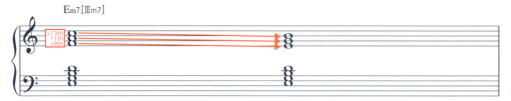

♭9thであるファの音は、ミに向かうことでテンションリゾルブ（解決）します。比較的短めの音価でリゾルブすることが多くなると思います。
ちょっとスパイスひとつまみって感じですね。

ナチュラル11thであるラの音は、ソに向かうことでテンションリゾルブ（解決）します。

♭13thであるドの音は、シに向かうことでテンションリゾルブします。こちらも♭9thと同じく、短めの音価でリゾルブすることの多いスパイスひとつまみです。

■ Ⅶm7(♭5)にとってのダイアトニックテンション

最後にドミナントのⅤ7代理、Ⅶm7(♭5)。

[Key=C]

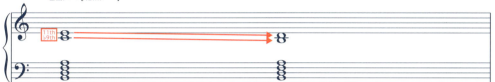

Ⅶm7(♭5)は、そもそもからしてダイアトニックコード中もっとも緊張感の高い不安定なコードですから、あんまりテンション盛り盛りで使うことは少ないのですが、別にナシではないのです。

♭9thであるドの音は、シに向かうことでテンションリゾルブ（解決）します。

11thであるミの音は、レに向かうことでテンションリゾルブ（解決）します。

これら2つ（ドとミ）はドミナントのⅤ7の場合と同じく、押し切ることができます。

♭13thは、実質ありません。ソが入っちゃうと、完全にドミナントの転回形になってしまいますからね。

ノンダイアトニックテンション

■ **ノンダイアトニックテンション**

　ノンダイアトニックテンションになる音は、♯系が5つ、♭系が5つです。

　この5つずつは異名同音になりますが、しっかり区分して理解した方がテンションリゾルブ等の処理を考えやすいです。

　ノンダイアトニックテンションのリゾルブ先は、極めてシンプルです。

　♯系なら半音上、♭系なら半音下となります。

Palette-Pt5-03

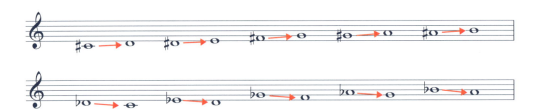

　ダイアトニックコードにこれら5つ×2組のノンダイアトニックテンションのどれがどのように使えるのかを詳しくご説明していきます。

■ Ⅰmaj7に使えるノンダイアトニックテンション

トニックであるⅠmaj7に使えるノンダイアトニックテンションは#9thのみです。

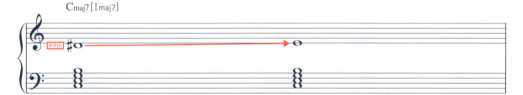

#9thであるレ#は、ミに向かうことでテンションリゾルブ（解決）します。

ブルースやジャズでは、リゾルブせずに押し切って、ブルーノート的な解釈で1オクターブ下のミと競合するグジャッとしたサウンドを狙ったりします。

♭9thであるレ♭は、トニックのルートの半音上の音になります。トニックとしての機能（安定感）を著しく侵害しますので基本的には使用されません。

#11thであるファ#は、トニックのルートと増4度関係にあたり、これもトニックの機能（安定感）を著しく侵害しますので基本的には使用されません。

■ V7に使えるノンダイアトニックテンション

ドミナントであるV7に使えるノンダイアトニックテンションは以下の通りです。

♭9th、♯9th、♯11th、♭13th……！　なんと、いわゆるオルタードテンションと呼ばれるものがすべて活用できます。

♭9thであるラ♭は、ソに向かうことでテンションリゾルブ（解決）します。終止先のトニックのソまで引っ張ってリゾルブすることも可能です。

♯9thであるラ♯は、シに向かうことでテンションリゾルブ（解決）します。トニックの♯9同様にブルージーに押し切ることも可能です。

♯11thであるド♯は、レに向かうことでテンションリゾルブ（解決）します。これは押し切らずにV7内でリゾルブすることが基本ですが、終止先のトニックがレを含む9thコードである場合は、そのコードチェンジのタイミングでレにリゾルブしても良いです。

♭13thであるミ♭は、レに向かうことでテンションリゾルブ（解決）します。♯11thと同様に、トニックがレを含んでいる場合はそこへの終止までリゾルブが保留できます。

■ IVmaj7に使えるノンダイアトニックテンション

　サブドミナントであるIVmaj7に使えるノンダイアトニックテンションは以下の通りです。

[Key=C]

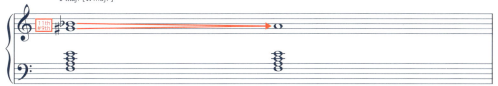

　#9thであるソ#は、ラに向かうことでテンションリゾルブ（解決）します。トニックの#9th同様にブルージーに押し切ることも可能です。

　11thであるシ♭は、ラに向かうことでテンションリゾルブ（解決）します。

　IVmaj7には、リゾルブせずに押し切れるノンダイトニックテンションはありません。
　きちんと解決してあげましょう。

ノンダイアトニックテンション

■ Ⅵm7に使えるノンダイアトニックテンション

トニックⅠmaj7の代理コード、Ⅵm7に使えるノンダイアトニックテンションは以下の通りです。

♭9thであるシ♭は、ラに向かうことでテンションリゾルブ（解決）します。かなり際どい音ですので、使用頻度はさほど高くないでしょう。Ⅰ7とⅥm7を掛け合わせたような響きを強引に作り出します。

次のコードがラを含むⅣmaj7やⅡm7である場合は、リゾルブをそのコードチェンジまで保留できます（Ⅰ7っぽい響きがセカンダリードミナント的に機能するためⅣmaj7への接続の方が機能的ですね）。

♯11thであるレ♯は……これはほとんど使わないですね（苦笑）。めっちゃグッシャアとします。一応言っておきますと、ミの音にテンションリゾルブ（解決）します。

ナチュラル13thにあたるファ♯は、トニックのルートと増4度関係になりますので、トニックの代理としてのⅥm7ではⅠmaj7の場合と同じく使われません。

■ Ⅱm7に使えるノンダイアトニックテンション

サブドミナントⅣmaj7の代理コード、Ⅱm7に使えるノンダイアトニックテンションは以下の通りです。

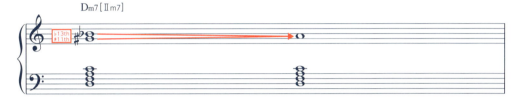

♭9thであるミ♭は……これもⅥm7の#11であるレ#と同じく、ほとんど使わないでしょう。レに向かうことでテンションリゾルブ（解決）します。

#11thであるソ#は、ラに向かうことでテンションリゾルブ（解決）します。ラをダイアトニックテンションとして含むV7(9)に接続すると、土台のⅡ-Ⅴモーションとテンションリゾルブがあいまって、絶妙なカタルシスが生まれます。

♭13thであるシ♭は、ラに向かうことでテンションリゾルブ（解決）します。これも、ラを含むV7(9)に接続するのがもっとも効果的な進行と言えます。

■ Ⅲm7に使えるノンダイアトニックテンション

Ⅲm7に使えるノンダイアトニックテンションはありません。
ナチュラル9thであるファ#、ナチュラル13thであるド#はいずれもトニックの機能を侵害する音だからです。
#11thであるラ#は、トニックの7th音であるシ♭と異名同音になるのでテンションとしては存在しません。

■ Ⅶm7(♭5)に使える
　ノンダイアトニックテンション

ドミナントⅤ7の代理コード、Ⅶm7(♭5)に使えるノンダイアトニックテンションはナチュラル9thのみです。

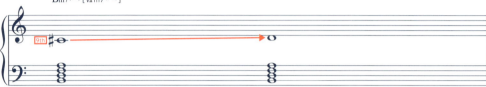

ナチュラル9thであるド#は、レに向かうことでテンションリゾルブ（解決）します。これはⅤ7にとっての#11thと同様に押し切らずにⅦm7(♭5)内でリゾルブすることが基本ですが、やはり同じく終止先のトニックがレを含む9thコードである場合は、そのコードチェンジのタイミングでレにリゾルブしても良いです。

11thはミ（ダイアトニックテンション）、#11thはファ（そもそものコードトーン）なので11th系はありません。

13thであるソ#は、これを入れてしまうとⅦdimになってしまいますのでこれもテンションとして含みません。
　Ⅶdimから Ⅶm7(♭5)に繋ぎ、ソ#をラに解決させるアプローチは全然アリですが、テンションの話からは外れます。

memo

■ 一般的なアヴォイドノートについて

　ここまでご説明してきた「この本の独自定義によるテンションの用法」の中には、一般的にはアヴォイドノート（使用を避けるべき）とされる音を「ややナシよりのアリ！」「ぎりアリ！」みたいな切り口で扱っている部分があります。
　しかし、これは意図的なものです。

　既存のコード理論ではアヴォイドノートとされている音が、実際の楽曲の中では堂々と使われていたりします。
　そして、既存の理論ではその理由がうまく説明できない場面がしばしばあります。
　実は、そのような漏れをなくすために、この本の独自定義「ダイアトニックテンション／ノンダイアトニックテンション」という新しい理論体系を打ち立てたのです。

　理論というのは、発想にカセをはめるために学ぶものではありません。当然ですね。
　より広い視野での発想をコントロールしやすくするためにあるものです。

　できるだけ多くの可能性を残すために、すべての音の機能的な扱い方について解説いたしました。
　そして、よくお読みいただければわかりますが、そのバックにあるメカニズムは極めて単純なものです。

　このテンションについて語ったセクションをよくお読みいただき、パレット＆レシピでカンニングしながら各音を活かした習作に取り組んでいただくことで、あなたの使える音の選択肢はやはり爆発的に広がります。

テンション補足説明

■ テンションリゾルブの方向について

　この本の独自定義「ダイアトニックテンション／ノンダイアトニックテンション」に基づいてご説明するにあたり、テンションリゾルブの方向性を極めて限定的に指定いたしました。

　ダイアトニックテンションはドからラまではスケール上の順次下向、シのみが半音上向、ノンダイアトニックテンションは♯系は半音上向、♭系は半音下向とお伝えしました。
　「逆方向に接続してもコードトーン（あるいは次のコードのコードトーン）になるから、それで解決でもいいじゃあないか」と思う方もいらっしゃるかもしれません。

　もちろん、この本でご提案したリゾルブ先と反対方向に接続しても間違いではありません。

　しかし、テンションノートという緊張感を持つ音が「自然にコードトーンに吸収された」ような解決感を求めるならば、やはりご提案した通りのリゾルブを基本に考えた方が良いでしょう。

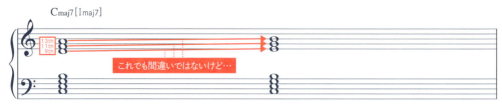

■ テンションのボイシングについて

　テンションノートをコードの中でどうボイシングするかにも、きちんと気を配りましょう。

　テンションノートをコードの中にすっきりと組み込むためには、テンションのリゾルブ先になるコードトーンを同一オクターブ内から省略すると良いです。

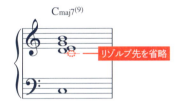

　また、テンションをどの位置に積むかもよく考えましょう。
　テンションノートはトップに持ってくるとすごく目立ちますし、内声（トップノート、ルート以外）に持ってくると隠し味的な滲み、濁りを生みます。
　これはダイアトニックテンションでもノンダイアトニックテンションでも同じです。
　特にノンダイアトニックテンションは、スケール外の音ですのでトップに持ってくるとメロディラインを著しく侵害する場合があります。要注意です。

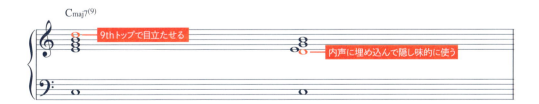

テンション補足説明

■ ノンダイアトニックテンションが持つ効果

　テンションノート、テンションコードを覚えると、無闇やたらにテンションを使いたがる人がいます。特にノンダイアトニック！これを専門用語で「テンション馬鹿」と言います（嘘です）。

　どうせテンションを使うなら、意図を持って使いたいところですね。

　このセクションの冒頭ですでにお伝えした通り、ダイアトニックテンション、ノンダイアトニックテンション、いずれを使う場合でも緊張感を付加することが主な目的ですが、特にノンダイアトニックテンションについては、もう一歩踏み込んでお伝えしておきましょう。

　ノンダイアトニックテンションの「ミ♭（レ♯もほぼ同義）・シ♭・ラ♭」の3つは、同主短調からの借用と解釈できます。

　また、ソ♯は平行調（短調）のハーモニックマイナースケール上の音です。

　したがって、これらを使うと長調感を希薄化できます。

　残るド♯は、ドミナントであるⅤ7の中でのみ使われます。このド♯はレ♭と異名同音ですので、Ⅴ7の裏コードであるⅡ♭7との共通音を増やしていると言えます。

　すなわち、増4度上のキー（トニックからもっとも遠いキー）との境界線を曖昧にする効果があります。

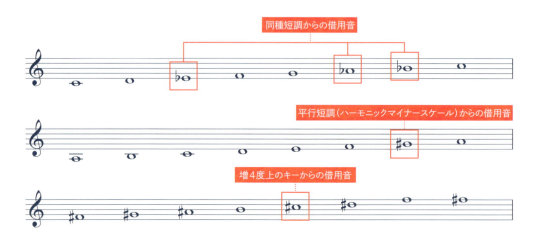

192

■ セカンダリードミナントへの テンションノートの加え方

セカンダリードミナントへのテンションの加え方には、2つのアプローチがあります。

1つ目は、元のキーのダイアトニックテンションをそのまま用いるアプローチです。ルート音が同じダイアトニックコードで使えるテンションを同じような扱いで使用します。

Palette-Pt5-04

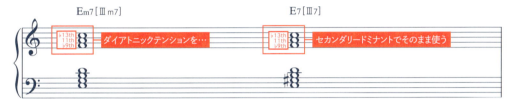

2つ目は、セカンダリードミナントを本当のⅤ7のようにみなし、あらゆるテンションを自由に使うアプローチです（ドミナントにはどんなテンションも加えることが可能です）。

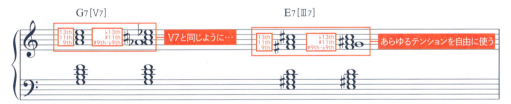

当然こちらの方が、元のキーから離れた感じが出やすくなります。テンションノートのリゾルブ先を元キーのダイアトニックノートにするなどして流れに必然性を持たせることを基本にしましょう。

セカンダリードミナントをⅡ-Ⅴ化した場合の仮のⅡにも、この上記2つのアプローチを応用することになります。

■ 実習〈テンション〉

〜 ダイアトニックテンション課題 〜

コードごとに指定したテンションノートを追加し、適切な形でテンションリゾルブさせましょう。

(参考資料：Palette-Pt5-02/Recipe-Pt5-01)

(key of C major)

テンションノート
[D]	[B]	[E]	[C]
I	VIm7	IIm7	V7

(key of C major)

テンションノート
[D]	[E]	[B]	[A]
I	V	VIm7	IIIm7

(key of C major)

テンションノート
[D]	[F]	[D]	[A]
IV	III7	VIm7	I7

(key of C major)

テンションノート
[B]	[E]	[A]	[D]
IV	V	IIIm7(♭5)	VI7

~ノンダイアトニックテンション~

　コードごとに指定したテンションノートを追加し、適切な形でテンションリゾルブさせましょう。
(参考資料：Palette-Pt5-03/Recipe-Pt5-02)

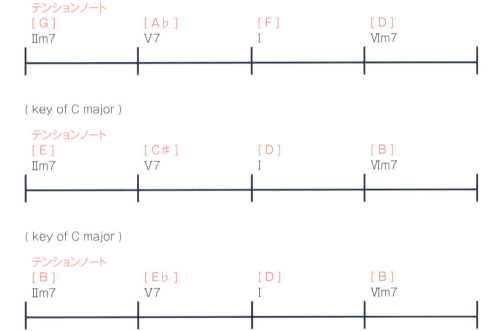

■ マイナーキーへの応用

平行調（長調）のダイアトニックテンション、ノンダイアトニックテンションを応用しましょう。

Ⅰmを、仮に平行調（長調）のⅥmだとみなしながら考えると扱いやすくなります。

またⅤ7は、平行調（長調）のⅢ7に照らし合わせ、P193の「セカンダリードミナントへのテンションノートの加え方」と同じアプローチで処理するのがもっとも簡単でしょう。

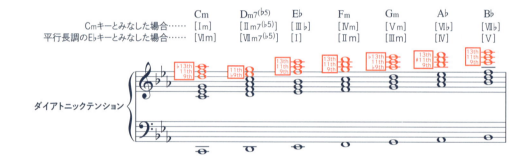

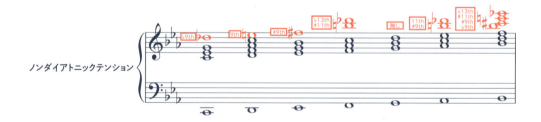

また、マイナー借用の「Ⅲ♭・Ⅵ♭・Ⅶ♭」にテンションを加えるときも、上記の「マイナーキーへの応用」に沿います。

PART **6**

曲作りの発展テクニック！
マイナー借用＆転調 自由自在

マイナー借用

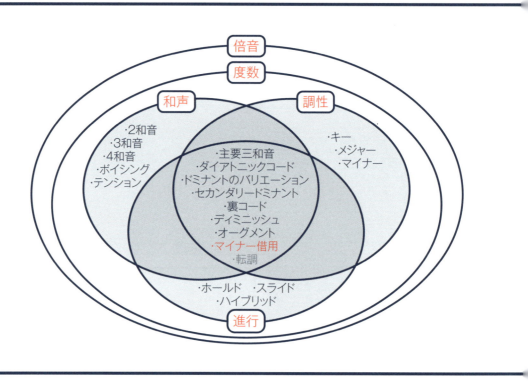

　メジャーキーの楽曲に、主音を同じくするマイナーキー（同主短調）のコードを混ぜてしまう荒技（？）がマイナー借用です。長短の調性感が入り混じったような独特の空気が吹き込まれます。

　特に、マイナー借用の基本となるⅦ♭、Ⅲ♭、Ⅵ♭は、マイナー借用でありながら、コードはメジャーという絶妙な立ち位置で、使用するメジャーコードの種類が増えるのに、どこか影がある感じ……ブルージーでちょっとロックっぽい感じになります。

　そのⅦ♭、Ⅲ♭、Ⅵ♭達の代理コードであるⅤm、Ⅳm、Ⅱm7(♭5)を使うとあら不思議！　ジャズっぽいニュアンスになっちゃうかもですぞ。

■ **マイナー借用の基本　Ⅶ♭・Ⅲ♭・Ⅵ♭**

左ページでお伝えした通り、マイナー借用の基本はⅦ♭、Ⅲ♭、Ⅵ♭です。

ちなみにⅦ♭→Ⅲ♭→Ⅵ♭という順番は、使いやすい順です。

なぜこの順番に使いやすいかと言うと、それは♭が付く順番が「Ⅶ♭→Ⅲ♭→Ⅵ♭」だからです（P59参照）。

次ページ以降では、その使いやすさの違いを接続のしやすさという観点からもご説明します。

前後に配置できるコードは、
○ 元のメジャーキーのダイアトニックコード
○ マイナー借用の基本3種（Ⅶ♭、Ⅲ♭、Ⅵ♭）
○ マイナー借用の代理コードとその他
　（Ⅴm、Ⅳm、Ⅱm7(♭5)）
が対象となるため、極めて多くの可能性が考えられます。

※ 基本の3種とそれぞれの代理関係については
　次ページ以降でご説明します。

Palette-Pt6-01

■ Ⅶ♭・Ⅲ♭・Ⅵ♭の前後の接続

マイナー借用の基本、Ⅶ♭ Ⅲ♭ Ⅵ♭の前後に配置できるコードをノートコネクションの力学に沿って並べたものです。基本はPART 2のノートコネクションの力学の通りですが、いくつか要注意箇所がありますのでチェックしておいてください。

↑上ほど接続が滑らか↓

Ⅶ♭	前(○→Ⅶ♭)	後(Ⅶ♭→○)
長3度上行	—	Ⅱm、Ⅱm7(♭5)
完全4度下行	Ⅲ♭	Ⅳ、Ⅳm
短3度下行	—	Ⅴ、Ⅴm
半音下行	× Ⅶm7(♭5)	Ⅵm
半音上行	Ⅵm	Ⅶm7(♭5)
全音下行	Ⅰ	Ⅵ♭
全音上行	Ⅵ♭	Ⅰ
完全4度上行	Ⅳ、Ⅳm	Ⅲ♭
短3度上行	Ⅴ	—
長3度下行	Ⅱm	—
増4度上下	Ⅲm	Ⅲm

× Ⅶm7(♭5)はⅠかⅢmに接続するのが基本なのでⅦ♭への下向は非機能的

Ⅲ♭	前(○→Ⅲ♭)	後(Ⅲ♭→○)
長3度上行	—	Ⅴ、Ⅴm
完全4度下行	Ⅵ♭	Ⅶ♭
短3度下行	—	Ⅰ
半音下行	Ⅲm	Ⅱm、Ⅱm7(♭5)
半音上行	Ⅱm	Ⅲm
全音下行	Ⅳ、Ⅳm	—
全音上行	—	Ⅳ、Ⅳm
完全4度上行	Ⅶ♭	Ⅵ♭
短3度上行	Ⅰ ※	—
長3度下行	Ⅴ、Ⅴm	Ⅶm7(♭5)
増4度上下	Ⅵm	Ⅵm

※ Ⅰからの短3度上行は（特にロックっぽい曲では）比較的よく使われる

Ⅵ♭	前(○→Ⅵ♭)	後(Ⅵ♭→○)
長3度上行	× Ⅲm	Ⅰ
完全4度下行	—	Ⅲ♭
短3度下行	—	△ Ⅳ、Ⅳm
半音下行	Ⅵm	Ⅴ、Ⅴm
半音上行	Ⅴ、Ⅴm	× Ⅵm
全音下行	Ⅶ♭	—
全音上行	—	Ⅶ♭
完全4度上行	Ⅲ♭	—
短3度上行	Ⅳ ※、Ⅳm	Ⅶm7(♭5)
長3度下行	Ⅰ	△ Ⅲm
増4度上下	Ⅱm	Ⅱm、Ⅱm7(♭5)

×△ Ⅲmから見てⅥ♭は長3度上だがⅤが短3度であり短長3度の共存は調性上あり得ないので非機能的になる

△× ⅣとⅥm
マイナー借用で♭化したⅥ♭の解決先はⅤなのでナチュラルしてⅥ音に戻ることは好ましくない

Ⅵ♭は、かなりマイナー側に寄ったコードなので、構成音にⅦやⅢやⅥを含む元のメジャーキー側のコードに向かう接続は調性感の断絶が強く強引な感じになってしまいます。

■ Ⅶ♭とⅢ♭の代理コードⅤm

Ⅶ♭とⅢ♭の代理コードⅤmの前後に配置できるコードを、同じく接続が滑らかな順に並べた一覧表です。

こちらも要注意箇所があります。

Ⅴm	前(○→Ⅴm)	後(Ⅴm→○)
長3度上行	Ⅲ♭	Ⅶm7(♭5)
完全4度下行	Ⅰ	Ⅱm、Ⅱm7(♭5)
短3度下行	Ⅶ♭	Ⅲm
同一ルート	—	Ⅴ7
半音下行	Ⅵ♭	—
半音上行	—	Ⅵ♭
全音下行	Ⅵm	Ⅳ、Ⅳm
全音上行	Ⅳ、Ⅳm	Ⅵm
完全4度上行	Ⅱm、Ⅱm7(♭5)	Ⅰ
短3度上行	Ⅲm	Ⅶ♭
長3度下行	×Ⅶm7(♭5)	Ⅲ♭
増4度上下	—	—

↓上ほど接続が滑らか

×Ⅶm7(♭5)はⅠかⅢmに接続するのが基本なのでⅤmへの下行は非機能的

ⅤmはⅦ♭とⅢ♭という2つのコードの代理としての機能がありましたので、多少の融通が利きます。

マイナー借用

■ Ⅵ♭の代理コード Ⅳm

2つのコードの代理であったⅤ7とは違い、ⅣmはⅥ♭の代理としての機能のみが強く出るコードな上、Ⅵ♭と同様に極めてマイナー寄りのコードですので、接続は限定的になります。

Ⅳm	前(○→Ⅳm)	後(Ⅳm→○)	
長3度上行	—	× Ⅵm	× 一度♭化したⅥ音が直接♮化することはない
完全4度下行	Ⅶ♭	Ⅰ	
短3度下行	Ⅵ♭	× Ⅱm、Ⅱm7(♭5)	
同一ルート	Ⅳ	—	
半音下行	—	Ⅲm	
半音上行	Ⅲm	—	
全音下行	Ⅴ、Ⅴm	Ⅲ♭	
全音上行	Ⅲ♭	Ⅴ、Ⅴm	
完全4度上行	Ⅰ	Ⅶ♭	
短3度上行	Ⅱm	Ⅵ♭	
長3度下行	Ⅵm	—	× Ⅶm7(♭5)はⅠかⅢmに接続するのが基本なのでⅣmへの接続は非機能的
増4度上下	× Ⅶm7(♭5)	× Ⅶm7(♭5)	

（上ほど接続が滑らか）

実用的には、Ⅶ♭へのⅡ-Ⅴ的モーションとⅠに直接帰る「サブドミナントマイナー終止」と呼ばれる変化球くらいになると思います。

■ Ⅱm7(♭5)

Ⅱm7(♭5)は、PART4でお話したマイナーキーの場合と同様に、割とどのコードからも接続できますが、接続先はⅤ7に向かうことが9割以上と言えるでしょう。

■（オマケ）必殺！ブルースロックコード

僕が勝手に「ブルースロックコード」と呼んでいるコード群があります。

ここまでにお話してきたマイナー借用の応用なのですが、とてもシンプルな仕組みですから、ぜひお知りおきください。

おわかりになりますか？

ブルースやロックで多用される「マイナーペンタトニックスケール」と呼ばれるスケール上の音をルートにして、ぜんぶメジャートライアドにしただけの……知能指数の低いコード群です（笑）。

しかし、この５つのコードをギターやピアノで手探りしながらテキトーに並べた進行を作ると「まさにブルースロック！」という感じの曲（ローリングストーンズとかみたいな）がいともたやすく作れます。お試しあれ。

■ 実習〈マイナー借用〉

〜 ベーシック課題 〜

以下に示したコード進行を楽器で演奏するか、打ち込んで鳴らしてみましょう。
（参照資料：Palette-Pt6-01）

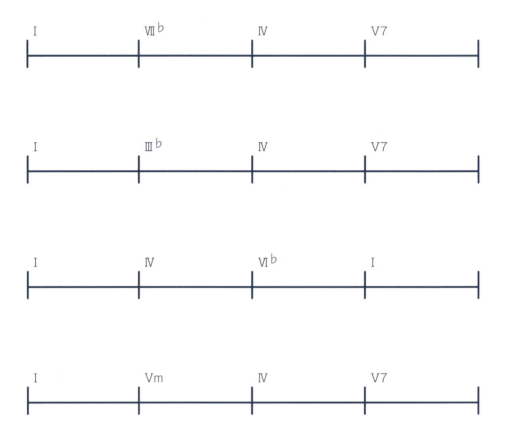

〜 アドバンス課題 〜

以下のコード進行の空欄に自由にコードを入れてコード進行を完成させましょう。その際、多くのマイナー借用コードをできる限り機能的に用いた進行にすること。
（参考資料：Palette-Pt6-01/Recipe-Pt6-01）

転調

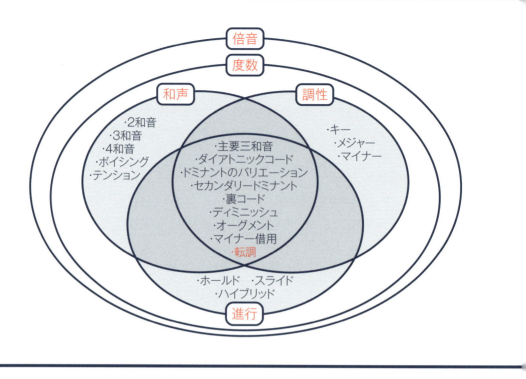

　転調には、曲の調性の重心が完全に別のキーに移行する完全転調と、一瞬違うキーの空気が吹き込まれる部分転調があります。※

　この本のこのセクションで言う「転調」とは前者の完全転調のことを指します。

※広義ではセカンダリードミナントや裏コードもこれに含まれます。

　実は、この本を書くにあたり、元のキーからあらゆるキーへ機能的に転調するための計算方法を確立しました。

　このセクションを読破することで、あなたはもう転調マスター！調整の重力を軽々と乗り越えて、どんな奇想天外な調の接続であっても、見事に滑らかにやってのけることができる転調名人になってしまうことでしょう。

■ 機能的転調と非機能的転調

　転調は、次のキーへの必然性を確保した「機能的転調」と、そうではない「非機能的転調」に分けることができます。

　機能的転調の基本はドミナント転調です。※ このドミナント転調を発展させてよりグラデーションをかけていくことになります。

※ドミナントを用いないピボット転調という技法もありますが、グラデーションをかけたドミナント転調からドミナントを省いたものとも言えますので、この本では割愛します。

機能的転調の模式図

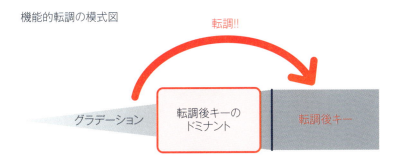

　逆に、非機能的転調は、何の予告もナシにヤブカラボウにドカッと違うキーに行ってしまう乱暴なやり方で、突然転調と言います。

　乱暴……と言いましたが、非機能的転調＝突然転調がすべて悪いわけではなく、しっかり狙いを持って使えば聴き手をドキッとさせる意外な展開を見せることができます。

非機能的転調の模式図

転調

■ ドミナント転調

さあいよいよ、機能的転調の基本、ドミナント転調のご説明に入っていきます。

新しいキー（転調後のキー）に入る直前に、その新しいキーのドミナントを持ってきます。

……以上です！（笑）

Palette-Pt6-02

例:CキーからA♭キーへの転調

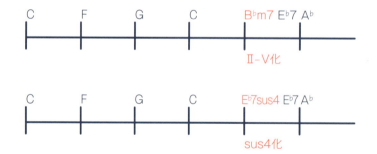

こんな単純なやり方で、どのキーにでも転調することが可能です（便利〜）。

また、Ⅱ-Ⅴ化したり、sus4から繋いだり、あらゆるドミナントのバリエーションがこのドミナント転調にも適用可能です。

これさえ覚えておけば、一応どのキーにでも機能的に転調させることができます。

しかし、この本はそれで終わりません。さらに滑らかなグラデーションを求める方のための秘技をすべてお伝えします。

■ あらゆるキーへの転調

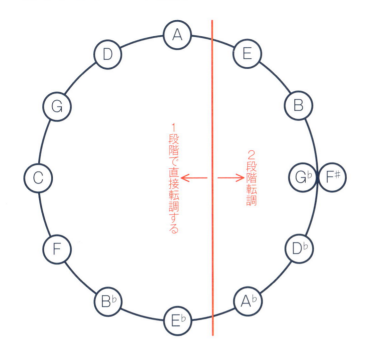

　滑らかなグラデーションでの転調はあらゆるキーに対して可能なのですが、「1段階で滑らかに転調できるキー」と「2段階転調（後述）を使って転調するキー」に分けて考えましょう。

　1段階で滑らかに転調できるキーは、上の五度圏の図で♯方向、♭方向にそれぞれ3つまでのキーです。
　それ以上離れたキーへの転調の場合は、転調前後のキーのスケールの構成音の中に占める共通音の割合が半分以下になってしまうので、一旦別のキーを経由してから辿り着く2段階転調を用いることになります。
　この2段階転調は♯や♭の変化が3つまでの転調の組み合わせで作ることになります。※

Palette-Pt6-03

※2段階転調の詳しいやり方はP216からご説明します。

■ ＃1つ　属調（Ⅴ）への転調

属調※（Ⅴのキー）へはⅡ7を通って転調することになります。

したがって、このⅡ7に向かって機能的に進行する元キーのコードを使った進行を手前に配置することで、より滑らかなグラデーションを演出することが可能です。

ＣキーからＧキーへの転調を例にすると、こんな感じです。

※属調とは元キーから見て完全5度上のキーのことです。五度圏で＃方向に1つ動いた調になります。

Cキー	Ⅰ	Ⅲm7	Ⅵm7	Ⅱ7	
Gキー	Ⅳ	Ⅵm7	Ⅱm7	Ⅴ7	Ⅰ
	C	Em7	Am7	D7	G

属調に滑らかに転調する際のもっともオーソドックスな進行の一例と言えます。

この進行はあくまで一例であり、別の経路でのグラデーションも、もちろん可能です。

とはいえ、この進行をちょっとカスタムした感じの、似たり寄ったりな進行になることが多いのではないかと思います。
(別の切り口のノンダイアトニックコードを転調前に多用したりすると話は変わってきますけどね)

■ ♭1つ　下属調（Ⅳ）への転調

　下属調※（Ⅳ）へはⅠ7を通って転調することになります。
　これもやはりこのⅠ7に向かって機能的に進行する元キーのコードを使った進行を手前に配置することで、より滑らかなグラデーションを演出します。
　CキーからFキーへの転調だとこんな感じ。

※下属調とは元キーから見て完全5度下のキーのことです。五度圏で♭方向に1つ動いた調になります。

Cキー	Ⅱm7	Ⅴ7	Ⅰ	Ⅰ7	
Fキー	Ⅵm7	Ⅱ7	Ⅴ	Ⅴ7	Ⅰ
	Dm7	G7	C	C7	F

　属調転調と同様に、五度圏で隣接するキーへの転調ですから共通音も多く、無難というか危なげのないスムーズな転調が可能ですね。

　これも飽くまで一例ですが、押えておいて損のない必勝パターンと言えます。

■ ＃2つ　全音上（Ⅱ）への転調

　全音上（Ⅱ）への転調は、昔のJ-POPではラストサビでやたら使われていたアプローチですね（90年代とか）。

　これはまさに、もっとも突然転調で使われやすいキーではあるのですが（後述）、あえて滑らかに繋ぐやり方をご紹介しておきます（例によってＣキーで）。

　フォーキーだったりロックっぽかったりする場合はこんな感じです。

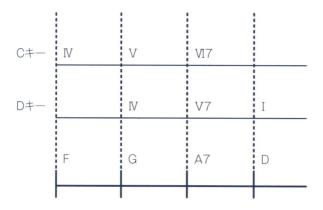

　「もうちょっとオシャレに行きたいぜ！」という方は、Ⅱ-Ⅴモーションを活かしたこちらをお使いください。

■ ♭2つ　全音下（Ⅶ♭）への転調

　全音下（Ⅶ♭）への転調は、全音上（Ⅱ）に比べるとそれほど使用頻度の高い転調ではないと思いますが、1番サビに至る過程で全音アップしてしまった調を間奏や2番Aメロの入口で元キーに戻すときなどに便利なので覚えておきましょう。

　Ⅳ7を通って転調します（例によってCキーで）。

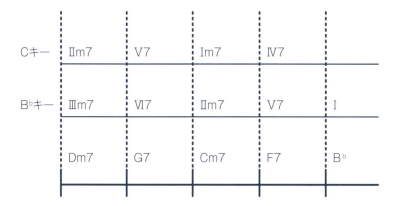

　♭2つの場合、Ⅰが一瞬マイナー化してしまうので、かなり転調感が強く感じられますね。

　ある意味、2段階転調的と言えなくもないのですが、調号の変化は一度だけですし、主音が1回しか変わらないものは、ここでは直接のグラデーション転調に含めて考えます。

■ ＃3つ　短3度下（Ⅵ）への転調

＃3つ＝短3度下（Ⅵ）というキーは元キーから見て、平行短調の同主長調です。

転調のカギ、転調後のドミナントにあたるⅢ7は平行短調への移行を錯覚させますので、長調から長調への転調でありながら瞬間的に「あれ？　もの悲しいのかな…？」とミスリードする効果を持ちます。……グッと来ます！

グラデーションをかけるには、こんな進行が考えられます（Cキーで）。

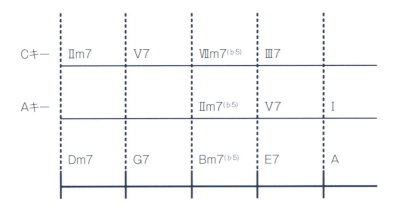

もはやドミナント転調をⅡ-Ⅴ化しただけのものと言って良いでしょう。そこにできるだけ滑らかに接続するために手前にG7（Ⅴ7）を持ってきています（ルートが長3度上向）。

♭3つ　短3度上（Ⅲ♭）への転調

♭3つ＝短3度上（Ⅲ♭）への転調は、左ページの関係とは逆に、転調後のキーから見て元キーの方が平行短調の同主長調です。

マイナー借用を挟むことでとてもスムーズに転調できます。

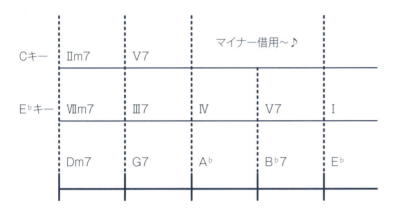

「Ⅵ♭～♪　Ⅶ♭～♪」と来て、そのままⅠに着地してしまいそうなところを、マイナー借用の軸を元キーのⅢ♭側に終止させることで転調します。

助っ人を頼んだらその一味に家を乗っ取られた感じですね！（なんのこっちゃ）。

Ⅵ♭のところをⅣm7にしてⅡ-Ⅴモーションにすると、ジャジーな香りが増します。

■ 2段階転調

♯や♭が4つ以上変わるキーへの転調は、P209でお伝えした通り、転調前後の中間のキーを瞬間的に経由する2段階転調で行うのがスムーズです。

例えばCキーからEキーに転調する場合は、♯をいっぺんに4つ付けるのではなく、

[1] C —♯2つ→ D —♯2つ→ E

[2] C —♯1つ→ G —♯3つ→ E

のように、付ける調号の個数を複数回に分散させます。

このときに心がけると良い点は、調号の割り振りは「1段階目の個数 ≦ 2段階目の個数」となるようにすることです。

上の例で言うと、
○ パターン1の「2 + 2」やパターン2の「1 + 3」はOKだけれど上記にない「3 + 1」はオススメしない
ということです。

これは、調号の個数が多い方がはっきりした転調感になることに由来します。

先に思い切りよく転調して後からにじり寄る感じだと微妙に煮え切らない感じになります。

やはり着地の手前ほど転調のダイナミズムが出るようにした方が効果的でしょう。

■ ♯4つ　長3度上（Ⅲ）への2段階転調

左ページの例に出した通り、「2＋2」あるいは「1＋3」の形でグラデーションをかけて転調します。
CキーからEキーへの転調を例にご説明しましょう。

○ 2＋2型

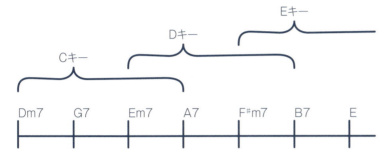

長2度上転調×2回でEキーに到達しています。
Dキーへの転調感はドミナントが出た時点で充分感じられますので、トニックに解決する必要はありません。

○ 1＋3型

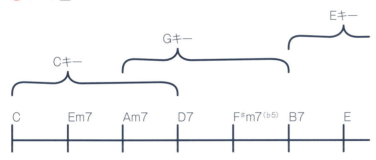

属調転調＋短3度下転調でEキーに到達します。
F♯m7(♭5)の部分をF♯m7としてもOKです。こちらの方が、メジャー感のある素直な印象の転調になります。

■ ♭4つ　長3度下（Ⅵ♭）への2段階転調

Cキーから A♭キーへの転調を例にご説明します。
これも「2 + 2」か「1 + 3」での転調になります。

○ 2 + 2 型

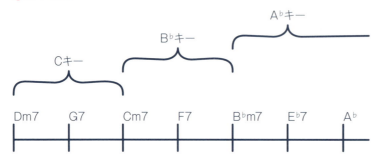

長2度下転調 × 2回ですね。

○ 1 + 3 型

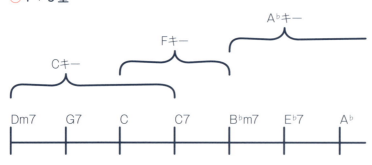

下属調転調＋短3度上転調です。
D♭のところをB♭m7にしてジャジーにするのもベリーグッドです。

■ ♯5つ　半音下（Ⅶ）への2段階転調

　Cキーから Bキーへの転調を例にご説明します。
　2段階目の転調の方を大きくするという基本に従うと、♯の個数の割り振りは「2＋3」のみとなります。

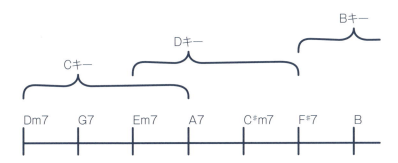

長2度上転調＋短3度下転調です

■ ♭5つ　半音上（Ⅱ♭）への2段階転調

　Cキーから D♭キーへの転調を例にご説明します。
　こちらも「2＋3」の一択です。

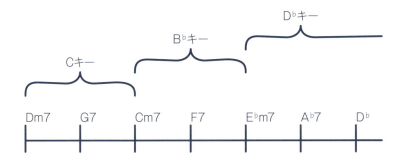

長2度下転調＋短3度上転調になります。

■ ♯ or ♭ 6つ
増4度・減5度関係（Ⅳ♯・Ⅴ♭）への2段階転調

これもCキーからF♯キーあるいはG♭キーへの転調を例にご説明いたします。

♯で至る場合も、♭で至る場合も割り振りは「3＋3」しかありません。

○ ♯方向

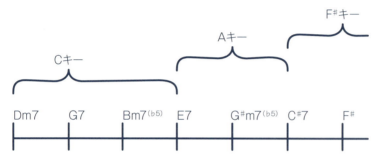

短3度下転調×2回で増4度キーに至ります。

○ ♭方向

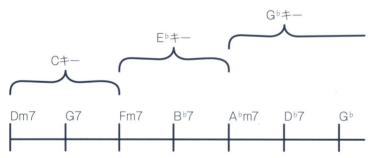

短3度上転調×2回で減5度キーに至ります。

■ 突然転調

グラデーションをかけることはおろか、ドミナントを挟むことすらせずにヤブカラボウにドカッと違うキーに行ってしまう転調を突然転調と言います。

グラデーションをかける際に1段階で行けたキーへの転調は、この突然転調でも比較的繋がりやすくなります。すなわち属調、下属調、長2度上、長2度下、短3度上、短3度下への転調です。

Palette-Pt6-04

属調　下属調　長2度上　長2度下　短3度下　短3度上

わりと繋がりやすい

それに対してグラデーションをかける際に2段階を要したキーへの転調は、極めて強い断層感が発生します。よほど特殊な意図がない限りはやらないアプローチと言えます。

ただし、短2度上転調のみは（昔の）J-POPでラストサビを半音アップするときなどに使われることがありました。

……うーん、でもその場合でもドミナントを直前に入れることの方が多いんじゃあないかなぁ。

増4度・減5度関係への突然転調は……「腰が抜けるかと思ったわ！」という感じですね（笑）。

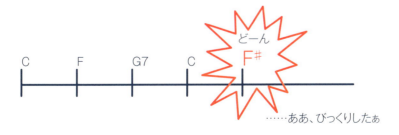

PART6 曲作りの発展テクニック！ マイナー借用＆転調 自由自在

■ 実習〈転調〉

〜 ベーシック課題 〜

1. 以下の進行の空白部分にセブンスコードを入れてドミナント転調をしましょう。
2. 「1.」でドミナント転調した箇所をⅡ-Ⅴ化しましょう。

(参考資料：Palette-Pt6-02、Palette-Pt3-08/Recipe-Pt6-02)

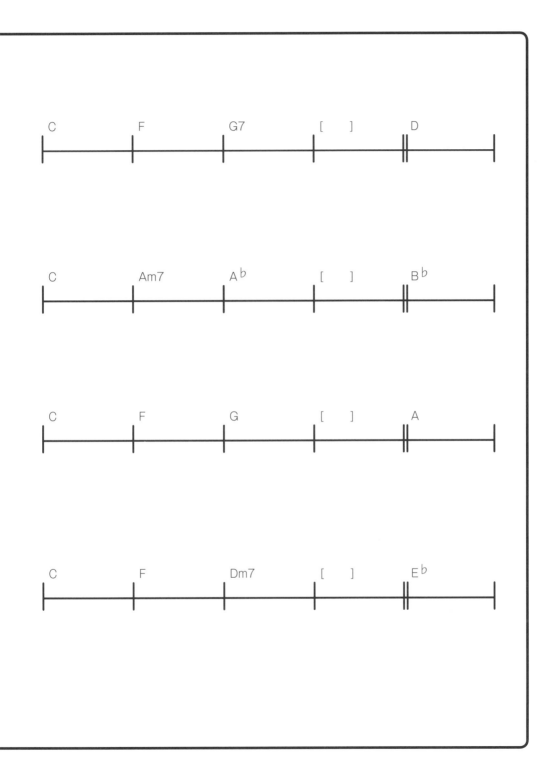

転調

〜 アドバンス課題 〜

以下のコード進行は2段階転調をしています。

スムーズな2段階転調ができるよう、空白部分にコードを入れましょう。

(参考資料：Palette-Pt6-03、Palette-Pt3-08/Recipe-Pt6-03)

・長3度上転調（2+2パターン）
　C key → D key → E key

・長3度上転調（1+3パターン）
　C key → G key → E key

・長3度下転調（2+2パターン）
　C key → B♭ key → A♭ key

・長3度下転調（1+3パターン）
　C key → F key → A♭ key

・半音下転調（2+3パターン）
　C key → D key → B key

・半音上転調（2+3パターン）
　C key → B♭ key → D♭ key

・増4度上転調（♯3+♯3パターン）
　C key → A key → F♯ key

・減5度下転調（♭3+♭3パターン）
　C key → E♭ key → G♭ key

column

■ コード理論学習者に独断と偏見で贈るオススメのアーティスト その3「Stevie Wonder」

最後にご紹介するのがスティーヴィ・ワンダーです。

スティーヴィ・ワンダーの楽曲は、ひとつのセクションの中にたくさんのコードが次々に出てきて展開していくようなタイプではありません。パッと聞き、とてもシンプルな進行のように感じるものの方が多いです。

しかし、耳コピしてみるとよくわかりますが、絶妙なサジ加減でテンションノートやオンコードが使われています。

そして、その絶妙なサジ加減の一音一音の意味付けをコード理論の観点から分析すると、それらすべてが有機的に結び付き機能していることがわかるでしょう。

推測ですが、スティーヴィ・ワンダーは理論的な整合性を計算しながら作曲をしているわけではないと思います。なのに、彼はなぜこんなにも高度なコードワークができているのでしょうか？

これもまた推測ですが、一音一音を大切に、心の中に浮かび上がる音を拾って鳴らしているからなのだろう、と僕は思います。

彼が盲目であることは周知の事実ですが、その代わりに彼は音の心眼とも言うべきものを持っていたのでしょう。

理論を学んだ後でこそ、頭でひねくり出す小賢しいコード進行に頼るのではなく、彼のように心の中で鳴っている音と今そこで鳴っている音に誠実に向き合う姿勢を大切にしたいものですね！

（石田ごうき）

APPENDIX

めっちゃ使える！
コード進行常套句

■ めっちゃ使える！　コード進行常套句

　この本では、コードの世界に働くメカニズムを、倍音主義に基づき理論的に説明してきました。あらゆる機能的なコード進行が、この本で解説したメカニズムを基本原理としていると言っても過言ではないでしょう。

　ここからは、その基本原理を機能的に活用した定番中の定番の進行、「コード進行常套句」と呼ぶべきものを、付録としていくつかご紹介していきます。

　使用頻度の高いものばかりを集めました。あなたが今までに作曲してきた楽曲の中にも、この中のどれかが使われていたりすることでしょう。

　また、コードネームを羅列するだけに留まらず、その進行がカッコよく響くボイシングの例もご紹介します。

　さらに、その進行が持つ特徴、構造、そしてその発想の出どころなども、できる限り書き添えました。

　あなたの作曲のとっかかりに、お役立てくださいましたら幸いです。

■ | Ⅰ | Ⅵm7 | Ⅱm7 | Ⅴ7 |

最初にご紹介するのはコチラ！

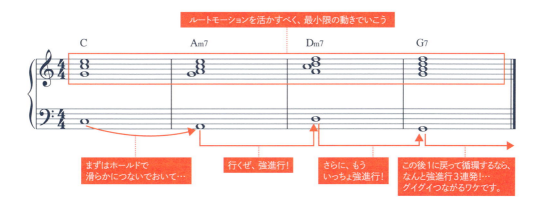

このコード進行を見て「へぇ～普通のコード進行だなぁ」などと一瞬でも思った方、ハッキリ言います。甘い！ 甘すぎる！ アメ玉にハチミツをかけたくらい甘すぎます……！

なぜなら、このコード進行はダイアトニックコードのみを使ったⅠから始まる循環コード進行の"究極形"だからです。

原型は「Ⅰ→Ⅰ→Ⅳ→Ⅴ7」と単純なのですが、代理コードに変えたことで2つ目から4つ目まで、そしてそこからの循環がすべて強進行に変貌しています。

類似するコード進行としては「Ⅰ→Ⅵm7→Ⅳ→Ⅴ7」などが考えられます。ただし、グイグイ感ではやはり「Ⅰ→Ⅵm7→Ⅱm7→Ⅴ7」に軍配があがるでしょう。

このコード進行（or類似の進行）が使われている曲

- Stand by Me（0:00～）／Ben E. King
- Last Christmas（0:00～）／Wham!

■ | Ⅱm7 | Ⅲm7 | Ⅳ | Ⅴ7 |

次にご紹介するのはコチラです。

　ダイアトニックコードのみを使い、ひたすら上行スライドで接続したコード進行です。ひたすら上に登っていく様子からエネルギッシュでポジティブな印象を受けます。
　したがって、この流れからサビに繋ぐと、エネルギー値が高い状態でサビを始めることが可能です。
　なおこのコード進行で気をつけたいのは、ベースラインにつられてトップノートを一緒に高くしてしまわないことです。
　なぜなら、ベースが高くなるにしたがって、それだけでも重心が上がって聞こえるからです。その時にトップノートをベースと反行させて下げるか、高さを維持するようにしてあげることで、重心が上がりすぎるのを抑えることができます。
　仮にベースとトップノートの両方を一緒に上行させてしまうとちょっとアホっぽい印象になるかもしれません。

■ | Ⅳ | Ⅲm7 | Ⅱm7 | Ⅴ7 |

続いてご紹介するのが左ページの姉妹品のコチラです。

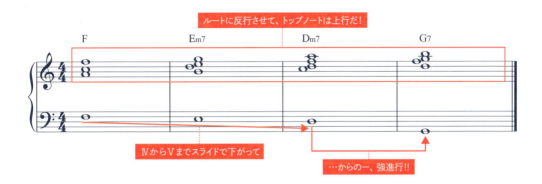

使用しているコードは左ページと同じですが、順番が変わることでその性質は全く違ったものになります。

この進行の特徴は後半2つのⅡ-Ⅴの動きです。対する前半2つのコードはその予備動作の構造になっています。

イメージとしては「Ⅱm7→Ⅴ7」でエイヤーと大きくジャンプをするために屈み込んでチカラをためる感じでしょうか。したがってこのⅤ7のあとにはぜひともⅠに接続して、Ⅱ-Ⅴ-Ⅰの2段ジャンプを完成させたいところです（なお、これを冒頭に循環させてしまうとすごくズッコケる感じになります）。

このように予備動作を作ってあげることで、その直後の動きをよりダイナミックに演出することができるのです。

■ | I | V | VIm | IIIm | IV | I | IV | V7 |

次にご紹介するのは通称「カノン進行」です。

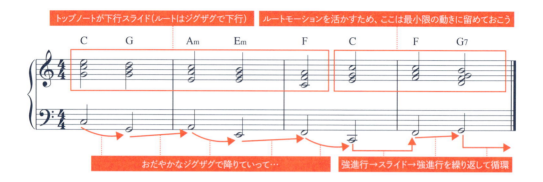

　この進行は17世紀の作曲家パッヘルベルが作った「カノン」で使われていたコード進行です。その完成度の高さゆえ世界中で最も親しまれている循環コード進行の1つです。
　壮大・雄大な印象のコード進行ですね。
　しかし一見とてもシンプルなコード進行なのに、なぜこれ程までに大きなスケール感を持っているのでしょうか。その秘密はコード進行全体を通した流れにあります。
　譜面を見ると3小節目までは弱進行中心になっていますが、最後は循環まで含めて強進行中心の流れになっています。
　「入口は穏やかで出口は力強い」という緩急こそが、このコード進行の大きな波を作っていると言えるでしょう！

このコード進行（or類似の進行）が使われている曲

- Basket Case（0:00〜）／Green Day
- 翼をください（0:53〜）／赤い鳥

■ | I | V onVII | VIm7 | I onV | IV | IIIm7 | IIm7 | V7 |

　オンコードを活用することでベースラインが下行スライドの連続になるよう変化させたカノン進行のバリエーションです。
　「なりゆき」の下行スライド接続が続くためより淡々とした印象を受けます。

■ | I | VIIm7(♭5)・III7 | VIm7 | Vm7・I7 |
　| IV | I onIII | IIm7 | IV6 / V・V7 |

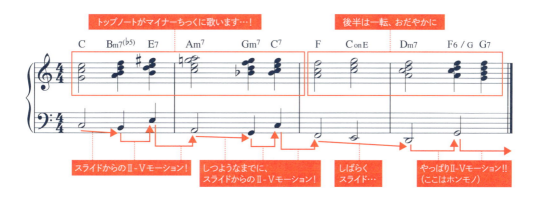

　元々弱進行が多用されていた前半部分ですが、II-Vモーションの連続によって躍動感あふれる進行に！　また、ノンダイアトニックコードが醸し出すジャジーさも、この進行の魅力です。

■ | Ⅳmaj7 | Ⅴ6 | Ⅲm7 | Ⅵm7 |

ここからはⅣで始まる循環的なコード進行をご紹介致します。

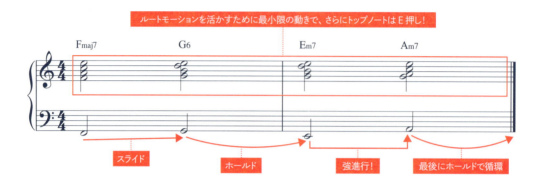

Ⅳはじまりの定番コード進行で、日本国内では数々のヒットソングで使われてきました。最後にⅥm7に着地することで、メジャーキーでもマイナー感があるコード進行になるのがポイント！

■ | Ⅱm7 | Ⅴ7 | Ⅲ7 | Ⅵm7 |

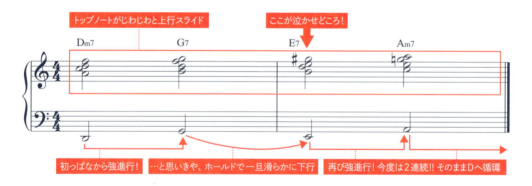

上段で紹介したコード進行のバリエーションです。冒頭を代理コードに変えたことで、最後のコードから強進行で循環できるようになりました。また、Ⅲ7からⅥm7に繋ぐことで、さらに泣ける仕上がりになっていますね。

■ | Ⅳ | Ⅴ on Ⅳ | Ⅲm7 | Ⅲm7 / Ⅵ・Ⅵm7 |
　| Ⅱm7 | Ⅳ6 / Ⅴ | Ⅰ | Ⅰ7 |

左ページでご紹介したⅣはじまりの定番コード進行ですが、その究極形（？）と呼ぶに相応しい長尺コード進行がコチラです！

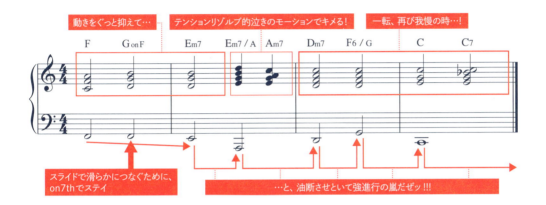

原型は「Ⅳ→Ⅴ→Ⅲm7→Ⅵm7→Ⅱm7→Ⅴ7→Ⅰ」のⅡ-Ⅴモーション中心のシンプルなコード進行です。

しかしこのコード進行例では、オンコードやテンションなどを駆使することでより味わい深い表現を実現しています。

一番感情を揺さぶるところは2小節目の3拍目・4拍目のテンションリゾルブですね。冒頭からEm7までルートを極力動かさずガマンしていたのが、2小節目のテンションリゾルブでついに緊張の糸が切れてしまうかのようです。

後半のⅡ-Ⅴが、まるでその後の素直な心情を表しているようでもあります。最後のC7が続きへの期待感をあおります。

このコード進行（or類似の進行）が使われている曲

- I Need to Be in Love（1:23〜）／Carpenters
- いとしのエリー（1:08〜）／サザンオールスターズ

235

■　| Ⅳmaj7 | Ⅲ7 | Ⅵm7 | Ⅰ7 |

次はⅣはじまりでも少し違う進行をご紹介致します。

　元々は主要三和音を中心とした「Ⅳ→V7→Ⅰ→Ⅰ7」を変化させた循環コード進行です。

　Ⅰを代理のⅥm7に変え、そこに強く接続させるためにV7をⅢ7に変化させています。

　なんとも言えない暗くけだる〜〜い感じの進行ですが、なぜかそこまで悲壮感を感じません。暗いのだけど真っ暗闇というほどではなく、むしろ大変なシチュエーションを自ら楽しむような余裕すら感じられます。

　あるいは胸がギュッとする愛しさと切なさの入り混じった感じ、みたいな解釈もできますね。

　その理由は早い段階でⅥm7に着地する点と、本来のトニックが不在であることによる曖昧さから来ています。

　なお、最後のⅠ7 on VをⅡ-V化して「Vm7→Ⅰ7」とするのも定番パターンとしてよく使われています。

このコード進行（or類似の進行）が使われている曲

- Isn't She Lovely (0:25〜)／Stevie Wonder
- 丸の内サディスティック (0:10〜)／椎名林檎

■ | Ⅵm | Ⅳ | Ⅴ | Ⅰ |

次にご紹介するのは通称「小室進行」です。

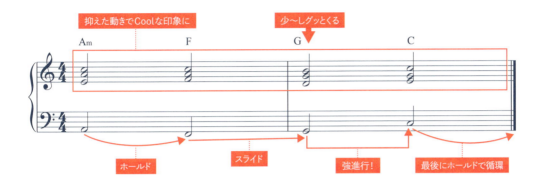

小室哲哉氏がかつてヒットソングで多用したことから小室進行と呼ばれている必殺のコード進行です。

本来は「Ⅰ→Ⅳ→Ⅴ→Ⅰ」の最初を代理コードに変えただけなので、別段特殊なコード進行ではありません。

しかしこのコード進行のすごさはそうしたテクニック的な部分ではなく、全体に通ずるストーリー性だと思います。

コード進行としては「始まりはマイナーで暗く、終わりはメジャーで明るく」となっています。

これをストーリー的に語るならば「今どんなに苦しくても未来はきっと明るいはず……！」という希望あふれる流れになりますよね。ぜひ例曲を歌詞と合わせて聴いてみてください。

このコード進行（or類似の進行）が使われている曲

- Get Wild（0:00〜）／TM NETWORK
- Departures（1:25〜）／globe

■ | Ⅵ♭ | Ⅶ♭ | Ⅰ |

次はマイナー借用を活用した定番コード進行です。

この進行の最大の特徴は、メジャーコードがそのままスライドで上行していくことです。

そのきわめてシンプルな構造からか、「細かいことは気にしないでパーっといこうぜ！」とでも言うかのような、潔さや景気の良さを感じます。

マイナー借用とはいえメジャーコードのみで作られたこの進行からは、もはや物悲しさや陰鬱さは微塵も感じられません。

ちなみにこのタイプのコード進行は「スーパーマリオブラザーズ」のステージクリア時など、ゲームのファンファーレでよく見かけます（マリオでは「Ⅰ→Ⅵ♭ on Ⅰ→Ⅶ♭ on Ⅱ→Ⅰ on Ⅲ」）。

そのことからもやはり、景気の良さを演出するにはもってこいな進行であることがうかがえますね。

このコード進行（or類似の進行）が使われている曲

- Layla（0:30〜）／Eric Clapton
- 終わりなき旅（2:12〜）／Mr.Children

■ | IIm7 | V7 | Imaj7 | IVmaj7 |
　| VIIm7(♭5) | III7 | VIm7 | VI7 |

次はマイナーの響きを持つ世界的な循環進行をご紹介します。

邦題"枯葉"と呼ばれるシャンソンのコード進行です。これまで数多くのジャズミュージシャンにカバーされてきました。

原曲では別れた恋人への感傷的な心情を綴っている、哀愁漂う印象のコード進行です。

このコード進行の最大の特徴はほぼ全てがII-Vモーションだけで作られていることです。

ですが、それだけではこのセンチメンタルな雰囲気にはなりません。カギは「IVmaj7→VIIm7(♭5)」の増4度上行です。

予定調和的なII-Vの中に仕掛けられた増4度上行がアクセントとなって、胸の奥に仕舞いきれない切なさを滲ませます。

最後がVI7になっていて冒頭に循環します。

このコード進行（or類似の進行）が使われている曲

▶ 枯葉・Les feuilles mortes (1:15〜)／Yves Montand

■ | Ⅵm | Ⅴ#aug | Ⅰon Ⅴ | Ⅳ#m7(♭5) |

次はベースラインが印象的なコード進行をご紹介致します。

　Ⅵmからルートが半音ずつ下がっていくクリシェのコード進行です。半音ずつ下がっていく動きによって、深く心の内面に潜り込んでいくような印象です。

　ただ暗い、というのとは違うナルシストっぽい暗さです。ぶっちゃけちょっと厨二臭がします！（笑）。

　上二声が何喰わぬ表面的な態度を表わし、ルートモーションが沈みゆく内面を表わし……でも、本当はそんな憂いに耽るこの想いを誰かに気づいてほしい……！　という隠された心情が……というか、全然隠れてなくてバレバレなんですけど。

　ってなニュアンスですね。やはり厨二や。

　なお、Ⅳ#m7(♭5)のあとはⅣmaj7に繋いであげると、その後の展開が自然になるでしょう。

このコード進行（or類似の進行）が使われている曲

- Stairway to Heaven (0:00〜)／Led Zeppelin
- オリビアを聴きながら (1:37〜)／杏里

■ | Ⅰ | Ⅰaug | Ⅰ6 | Ⅰ7 |

最後はトップノートが印象的なコード進行をご紹介致します。

　Ⅰの5度の音が半音ずつ上がっていくクリシェのコード進行です。PART3のオーグメントの最後にご紹介したコード進行ですね。

　左ページで紹介したコード進行とは対照的に、このコード進行では下二声が固定化され、トップノートが半音ずつ上行スライドするところがポイントです。

　半音ずつ上がっていくフワフワした動きがまるで夢心地。まどろみの中に誘われるかのようです。このままトップノートがいくらでも昇っていくのか……と思いきや、最後にやってくるのはトライトーンを持つⅠ7です。

　このあとは基本的にⅠ7を活かしてⅣへ接続すると良いでしょう。

このコード進行（or 類似の進行）が使われている曲

- I Need to Be in Love（0:30〜）／Carpenters
- Starting Over（0:09〜）／John Lennon

"コード理論との出会いが明日への扉を開く"

　僕が「コード」という概念に出会ったのは、今から20年以上も前のことです。

　中学2年生のときに、友達がウクレレを弾いていたのを見て「俺も弾いてみたい」と思い、彼のウクレレとウクレレの教則本をその場で貸してもらって弾いてみたときのことでした。
　「ドレミってどう弾くん？」という僕の問いに、その友人は「ウクレレはコードってのを弾くんよ」と言って「この教則本に書いてあるポジションの通りに押さえて弦を全部弾くんよ、それがコードなんよ」と教えてくれました。僕は「なるほどわからん」と思いながら、とりあえず言われるがまま、書いてある通りにウクレレを弾きました。
　なるほど、コードが何なのかはよくわからんが、たしかに音楽っぽくなった。

　それから少しして、僕は親にねだって自分用のウクレレを買い、夢中で練習しました。
　その中でやはり、さらにいくつかのコードを覚えることになったわけですが、またしても「たしかに音楽らしくは鳴るがコードが一体何なのかはやはりわからん」と思いました。

　自分が何をやっているのかわからんままやるのが嫌いな僕は、図書館で音楽理論のめちゃめちゃ簡単な入門書を借りて来て勉強し始めました。

　そこで、気づいてしまったのです……！！

あとがき

「もしや、コードが理解できたら、作曲ができるようになっちゃうんじゃあないのか？」

自分とは遥か無縁な、神に愛されし者たちだけが使える特殊能力だと思っていた「作曲」という分野が、急に自分の手の届くところに見えてきた瞬間でした。

予感は当たっていました。独学の手探りで少しずつ「作曲」ができるようになっていきました。

そこから僕はコード理論、作曲、音楽の世界にどっぷりとハマり、1年もしないうちに「将来音楽で食っていこう！」と無謀な決意をするのですが、それはまた別の話。

とにかく、僕の音楽人生の扉を開いてくれた大きなキッカケのひとつが「コード理論」という概念との出会いでした。

その後、先達の書かれた優れたコード理論書での学習や、仲間との独自研究を重ねて、僕はこの20年間コード理論の世界を掘り続けてきました。

その集大成とも言える研究成果がこの本です。

この本との出会いによって、あなたの音楽人生の新しい扉が開き始めることを、願ってやみません。

あなたの音楽人生が素晴らしいものになることを、信じます。

石田ごうき

"限りなく自由な世界へ"

「使える！コード理論」の世界いかがでしたか？

　これまで"理論"という言葉に「束縛」を感じて窮屈に思ってしまっていた人もいるかもしれません。しかし実は真逆です。
　そもそも音の世界で「これをするのが正解・それをするのは間違い」なんてことは誰にも言えません。本当は限りなく自由な世界なのです。ただ、そこにちょっとした音のメカニズムが関係している、それだけなのです。

　当然ながら、この本ではご紹介していない細かな技法が世の中にはまだまだあります。
　しかし、この本を通して「音をどう組み立てると何が起こるのか」というメカニズムを理解したあなたならば、そのあまたの技法に自力で辿り着くことができます。
　この本を元に、あなたが目指している音楽をぜひ分析をしてみてください。その音楽の構造が、以前よりもスルスルと読みとける自分に、セルフ感動を覚えることでしょう。

　この本で学んだことを活かして、あなたの音楽的センスが最大限に解放されることを心から願っています。

大浦雅弘

あとがき

"ここからが真の冒険の始まり！"

　使えるコード理論の世界は、お楽しみいただけましたか？
　総数250ページ近くに及ぶ壮大な冒険の旅、本当にお疲れさまでした！

　実習セクションをひとつひとつ攻略しながらじっくりと読み進めていただけたなら、あなたの中に眠っていたコードを感じる力は、今まさに覚醒し始めていることでしょう。

　しかし、コード探求の旅はこれで終わりではありません。
　ここからが、いよいよ真の冒険のはじまりです。

　今のあなたなら、きっと世界中の名曲たちからたくさんの知恵を得ることができるはず。

　あなたの中に目覚めた力を使ってさまざまな楽曲を分析し、新しい音楽の可能性を追求していってください。

　そして願わくば、それをあなた自身の"使えるコード理論"として発展させてくれたなら嬉しいですね！

　あなたのこれからの音楽人生が、素敵なハーモニーで彩られることを願っています。
　またどこかでお会いしましょう！

熊川ヒロタカ

profile

石田ごうき（いしだ・ごうき）

音楽教育業専門プロデューサー。作詞・作曲・編曲家、音楽講師。シマムラ楽器小倉店販売員、ラジオ局音響および企画営業を経て、音源制作業・音楽レッスン業で北九州市にて2008年独立。上京後、2011年より音楽家の独立支援事業を開始。現在は、次世代を生きる音楽家が「その人ならではの音楽教育業」を高収益ビジネスとして立ち上げるためのプロデュース事業を中心に活躍中。『音圧アップのためのDTMミキシング入門講座！』『音楽で一生食っていきたい人のための本〜あなたの音楽収入を10倍にしよう！』など著作多数（いずれもリットーミュージックより刊行）。アイオーミュージック株式会社および株式会社アイオーエンターテイメント代表取締役。

大浦雅弘（おおうら・まさひろ）

作編曲家・音楽講師。2006年より同人サークルQueen of Wandとして作品発表を開始。自費出版でありながら累計3万枚のセールスを誇る。その他コンシューマーゲーム・アニメ劇伴・ボイスドラマなどの作編曲も手掛ける。現在は、かつて自身が音楽学校卒の身でありながら10年以上コード理論を掴めず苦しんだ経験を活かし、悩める音楽家の方々向けの「使える！コード理論」の手ほどきが大好評沸騰中。アイオーミュージック株式会社所属講師。

熊川ヒロタカ（くまがわ・ひろたか）

作編曲家・音楽講師。2010年4月より作編曲家として活動開始、その後ジャンル問わずさまざまなアーティストの作編曲を手掛ける。自身が編曲を手掛けたRoyzの9thマキシシングル「LILIA」はオリコンメジャーシングル週間ランキング7位を記録。その他にも、様々なアーティストの人気作品の編曲を手掛ける。2015年、初の教則本『DTMerのためのド派手なバンドアレンジがガンガン身に付く本』（リットーミュージック）を発表。現在は、これまで培った作編曲の能力を活かし、講師として後進育成に力を注いでいる。アイオーミュージック株式会社COO。

使える！コード理論
丸暗記不要のクリエイター向けレッスン

石田ごうき・大浦雅弘・熊川ヒロタカ著

2017年11月16日　第1版1刷 発行
2022年 8月20日　第1版4刷 発行

定価2,200円（本体2,000円＋税10％）
ISBN978-4-8456-3151-3

[発行所]
株式会社リットーミュージック
〒101-0051 東京都千代田区神田神保町一丁目105番地
https://www.rittor-music.co.jp/

発行人：松本大輔
編集人：野口広之

[本書の内容に関するお問い合わせ先]
info＠rittor-music.co.jp
本書の内容に関するご質問は、Eメールのみでお受けしております。お送りいただくメールの件名に「使える！　コード理論」と記載してお送りください。ご質問の内容によりましては、しばらく時間をいただくことがございます。なお、電話やFAX、郵便でのご質問、本書記載内容の範囲を超えるご質問につきましてはお答えできませんので、あらかじめご了承ください。

[乱丁・落丁などのお問い合わせ]
service＠rittor-music.co.jp

編集担当：山口一光
デザイン／DTP：石原崇子
浄書：高橋玉枝
図版：間宮工房
印刷・製本：中央精版印刷株式会社

©2017 Rittor Music Inc.
Printed in Japan

本書記事／写真／図版などの無断転載・複製は固くお断りします。
落丁・乱丁本はお取替えいたします。本書記事／写真／図版などの無断転載・複製は固くお断りします。

JCOPY ＜（社）出版者著作権管理機構 委託出版物＞

本書の無断複写は著作権法上での例外を除き禁じられています。
複写される場合は、そのつど事前に（社）出版者著作権管理機構
（電話 03-5244-5088 、FAX 03-5244-5089 、e-mail: info@jcopy.or.jp）の許諾を得てください。

DOWNLOAD DATA INDEX

 http://io-music.jp/chord-theory_palette&recipe/

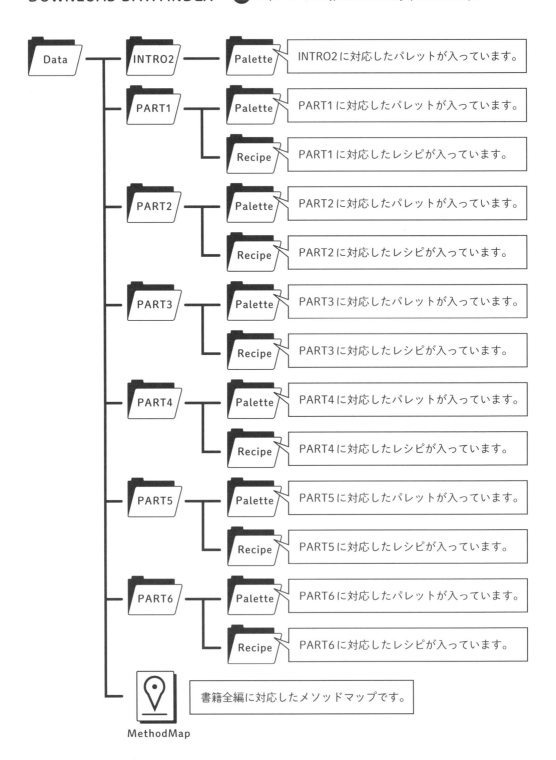